高职高专"十二五"规划教材

汽·车·系·列

汽车营销

王海鉴　马希才　宋丽敏　主编

化学工业出版社

·北京·

本书共包括 6 个课题，包括解读汽车 4S 店、营销理论基础、购车行为分析、汽车相关参数与配置、汽车竞品分析、汽车产品介绍。书中注重理论联系实际，注重实际应用。书中以培养学生对汽车"认车，知车，说车"这个应用能力为主线，注重提升学生专业素质。并且除了介绍营销的基本理论外，还增加汽车 4S 店的一些知识，如组织结构、岗位名称及职责等。

为方便教学，配套电子教案。

本书可作为高职高专院校相关专业学生的教材，也可作为培训用书，并可供相关人员参考。

图书在版编目（CIP）数据

汽车营销/王海鉴，马希才，宋丽敏主编. —北京：
化学工业出版社，2013.7（2022.1 重印）
高职高专"十二五"规划教材——汽车系列
ISBN 978-7-122-17547-2

Ⅰ.①汽… Ⅱ.①王…②马…③宋… Ⅲ.①汽车-市场
营销学-高等职业教育-教材 Ⅳ.①F766

中国版本图书馆 CIP 数据核字（2013）第 118723 号

责任编辑：韩庆利　　　　　　　　　装帧设计：尹琳琳
责任校对：战河红

出版发行：化学工业出版社（北京市东城区青年湖南街 13 号　邮政编码 100011）
印　　装：北京印刷集团有限责任公司
787mm×1092mm　1/16　印张 11½　字数 259 千字　2022 年 1 月北京第 1 版第 3 次印刷

购书咨询：010-64518888　　　　　　售后服务：010-64518899
网　　址：http://www.cip.com.cn
凡购买本书，如有缺损质量问题，本社销售中心负责调换。

定　　价：38.00 元　　　　　　　　　　　　　　　　版权所有　违者必究

前　言

"汽车营销"类教材不能看完以后给人感觉是在市场营销理论的基础上加上了汽车两字，非常勉强，没有凸显汽车这个产品的实际特点，进而导致学生学习完本门课程后对知识的掌握完全是"一盆糨糊"，更没法谈及应用。所以要培养学生以"认车，知车，说车"这个应用能力为主线，提升学生专业素质。

由于我们高职汽车技术服务与营销专业毕业生就业多数在各品牌汽车4S店，工作的载体就是汽车销售类企业、汽车4S店。所以，教材中除了介绍营销的基本理论外，还增加汽车4S店的一些知识，如组织结构、岗位名称及职责等，使学生对将来自己的工作环境有一个客观的认识。同时详细介绍汽车的参数和配置的含义、竞品分析等内容，使学生能够更好地熟悉汽车产品。

营销的核心是发现需求、满足需求，而影响客户需求除了自身文化、社会阶层、心理及个性等因素外，最主要的就是车型、价格范围、促销力度以及汽车4S店的服务状况。实战中，客户如何知道你这款车的好坏，除了试乘试驾外，使用基于FAB法的六方位绕车介绍，那是最好不过了。这也可以理解为本专业学生最重要技能之一。为了方便学生学习，教材中将体现常见车型的基于FAB法的汽车六方位绕车介绍的具体例子，使学生在实训中能有的放矢，为汽车销售课程中汽车销售情境模拟打下良好基础。

本书由王海鉴、马希才、宋丽敏任主编。具体分工如下：王海鉴确定全书编写体例和框架并编写了课题三、四、五、六，马希才编写了课题二，宋丽敏编写了课题一。刘岩、郑锡伟、郭雯雯、李敏参与本书的汽车相关术语的使用和文字录入等编写工作。

在编写本书过程中，参阅了不少有关资料，对资料的原作者，在此深表感谢。本书在成书过程中，也得到化学工业出版社的大力支持，亦致以深深的谢意。

本书有配套电子课件，可赠送给用本书作为授课教材的院校和老师，如有需要，可发邮件到 hqlbook@126.com 索取。

由于时间、条件、水平等的限制，书中疏漏之处，恳请读者批评指正。

编者

前言

目　录

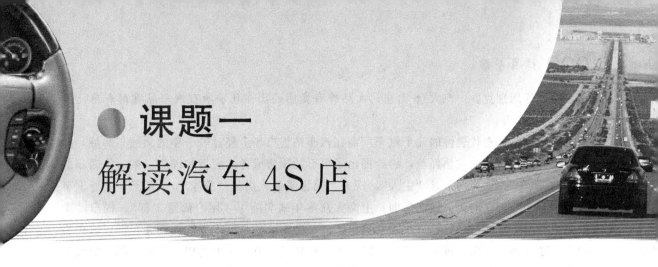

课题一
解读汽车 4S 店

第一节　汽车 4S 店概论

【学习目标】

◇ 了解汽车 4S 的一些基本概念；

◇ 了解国外汽车销售模式的发展。

【学习重点】

◇ 国外汽车销售模式。

【学习难点】

◇ 4S 店的基本含义。

【课程导入】

中国作为一个人口众多的大国，发展汽车产业是必须的，因为汽车产业是一个技术密集型和劳动力密集型相结合的产业，发展良好的话好处多多：解决就业问题、提高整体技术水平、带动汽车产业链全面发展、GDP 增长等等。在这个产业链的末端就是汽车销售和售后服务市场，汽车 4S 店则是它的主要表现形式。

一、解读汽车 4S 店

汽车 4S 店是一种以"四位一体"为核心的汽车特许经营模式，包括整车销售（Sale）、零配件（Spare part）、售后服务（Service）、信息反馈等（Survey）。也就是汽车厂家为了满足客户在服务方面的需求而推出的一种业务模式。4S 店的核心含义是"汽车终身服务解决方案"。

汽车 4S 店是 1998 年以后才逐步由欧洲传入中国的。由于它与各个厂家之间建立了紧密的产销关系，具有购车环境优美、品牌意识强等优势，一度被国内诸多厂家效仿。4S 店是集汽车销售、维修、配件和信息服务为一体的销售店，而且 4S 店这种模式近几年在国内发展极为迅速。

汽车 4S 店概念被引入中国之前，汽车代销点曾是人们购买汽车的主要渠道。伴随着中国汽车工业的发展壮大，加之汽车行业由于前几年汽车销售市场的"井喷"行情，使得汽车制造厂商和经销商都有些头脑发热，汽车行业的高额利润也吸引了其他的行业以及企业纷纷进入汽车销售领域，一家又一家豪华的 4S 品牌店在各大中城市应运而生、拔地而起，同汽车由高档奢侈品到耐用消费品的转化一样，汽车销售 4S 店也由一开始的广州本田、上海通用别克、一汽大众-奥迪几大品牌专卖店到现在几乎所有汽车品牌都有自己的汽车销售 4S 店。

国内市场具有代表性的几个汽车厂商在汽车销售市场上经过若干年的激战与磨炼，并吸取国外汽车厂商的成熟经验，纷纷提出了可行的销售服务的宗旨和理念。如一汽轿车的"管家式服务"，认为用户是"主人"，厂方、销售服务人员是"管家"，"管家"处处事事要替"主人"想在前面，做在前面；上海大众多年来实施了"用户满意工程"，提出"卖产品更卖服务"的口号等；一汽大众提出了"一个中心，六个支撑"的理念，即以客户为中心，以市场为导向、领先的技术、国际水平的质量、有竞争力的成本、最佳的营销服务网络和最佳的合作与交流力为支撑；东风雪铁龙提出坚持一个服务理念："麻烦自己，方便用户"，要求力争做到三个"百分之百"：服务及时 100%，服务彻底 100%，收费合理100%。从上述宗旨和理念不难理解，要树立良好的品牌，除对产品技术和质量的要求外，在汽车市场竞争日益激烈、应对挑战的今天，"用户至上"将被提到更为重要的位置上来。按 4S 的模式，实现四位一体进行销售和售后服务，对进一步贴近用户，全面服务好用户，不失为一项重要举措；4S 店的优势在于：厂家与经销商的利益是一致的，减少了中间环节与责任冲突，易于实行策略互补，对于营销的推展、售后服务维修、配件实现少品种专业化管理极为有利。

有评论家这样评价该模式："4S 模式其实是汽车市场激烈竞争下的产物。随着市场逐渐成熟，用户的消费心理也逐渐成熟，用户需求多样化，对产品、服务的要求也越来越高，越来越严格，原有的代理销售体制已不能适应市场与用户的需求。4S 店的出现，恰好能满足用户的各种需求，它可以提供装备精良、整洁干净的维修区，现代化的设备和服务管理，高度职业化的气氛，保养良好的服务设施，充足的零配件供应，迅速及时地跟踪服务体系。通过 4S 店的服务，可以使用户对品牌产生信赖感，从而扩大销售量。"

（一）整车销售（Sale）

由于 4S 店只针对一个厂家的系列车型，有厂家的系列培训和技术支持，在整车的销售服务中，也要求从业人员有着较高的专业素质，要求汽车销售人员对店内所有车型的性能、技术参数、使用和维修方面都非常熟知，掌握相关话术、礼仪、沟通等技巧，做到"专而精"。

一般认为，人均 GDP 达到 1000 美元是轿车大量进入家庭的起跑线，达到 3000 美元开始大规模进入家庭；每千户轿车拥有量可以超过 50 辆。我国 GDP 的增长都在 10.0%左右，而汽车增长率在经历了 2004 年的调整后逐步趋于稳定，增长速度也保持在一个飞速发展的水平。

（二）零配件（Spare part）

在汽车的维修保养过程中，配件质量至关重要。4S 店采用的原厂配件、检测设备、维修设备和经过专业培训的维修技师，都保证了 4S 店服务的规范化和专业化。一般情况下，通过 4S 店修理的车辆在质量保证期内都不会出现维修质量问题。即使出现问题，也会及时为用户维修。

（三）售后服务（Service）

在整个汽车获利过程中，整车销售、零配件、售后服务的比例结构为 2∶1∶4。售后维修服务获利是汽车获利的主要部分。国外 4S 品牌汽车经销商的收入是多渠道的，来源于新车销售、二手车销售、银行贷款返回利润（或叫做贷款经理的佣金）、汽车内饰、汽车维修、批发和零售零部件、销售汽车额外质量保证的佣金。而中国大部分经销商的收入主要来自新车销售、保险返利、汽车维修和汽车内饰。随着轿车的普及，人们自己修理汽车的势头将要开始，到经销商购买标准厂家指定的零件将成为未来中国经销商的利润来源之一。正是由于严格高校效的标准化管理，4S 店拥有一系列从客户投诉、意见到索赔的配套管理制度，能够给消费者留下良好的、可信任的印象；良好的信誉免去了消费者的后顾之忧，4S 店过硬的"软件"也使他们成为消费者买车、修车的第一选择。

（四）信息反馈（Survey）

"信息反馈"是 4S 流程中重要的销售环节，4S 店为顾客与厂家搭建了一座沟通的桥梁。它可以知道从产品投入市场，顾客在使用产品时发生什么问题，也可以直接反馈到专营店。4S 店将收集到的信息传达给生产厂家，厂家再对产品改进完善。如有什么突发故障，包括机械产品故障或救援服务，凡是需要信息反馈的，4S 店可以立即反馈到厂家，厂家根据情况完善产品。

随着社会文明的进步，社会分工的细化，降低社会成本是一种趋势。而我国的现实情况又决定了我国汽车销售不能走欧美的路线。自改革开放以来，我国的市场经济发展也只是不长的时间，市场经济的秩序也没有完全建立起来，汽车市场的运作并不规范，社会的诚信机制也没有建立，整个汽车市场仍然存在很多的问题，售后服务的纠纷，索赔事件常有发生。在这样的市场环境中，消费者难免变得有些保守，经销商的推销不能给消费者完全的信任感，整个汽车的销售环节信誉低，成本高，效率低，从业人员素质低。在这样不成熟的市场环境下，欧美所建立的成熟市场环境下的汽车销售模式并不适应于我国，更何况我国尚处于起步阶段，没有良好的汽车氛围。而 4S 店的建立，由于有厂家的承诺，售后服务能有一定的保证，所以在一定程度上能增加消费者的购车信心，降低销售成本，规范市场秩序。

二、国外汽车销售模式的发展

（一）欧洲的汽车销售模式

4S 店起源于欧洲，文化底蕴深厚的欧洲，汽车业也已经过了百年风云。作为 4S 店的起源地，欧洲汽车市场上的品牌比世界任何其他地区都要多，在这块城市密布、交通便利、各种服务设施完备的大陆上车型集中，并且每种车型有较大的保有量。仅以德国为例，人口 8100 万，汽车拥有量 5000 万辆，其中轿车 4200 万辆，品牌多集中在本国生产的大众、奔驰、宝马等汽车集团旗下，所以"四位一体"的模式得以存在和发展。欧洲的汽车销售体系的建立是以生产厂家为中心的，无论哪种销售体制，分销商、代理商和零售商的一切经营活动都是为生产厂家服务，它们之间的关系一般通过合作或产权等为纽带，依靠合同把销售活动与双方的利益紧密地联系在一起。大多零售商都具备新车销售、旧车回收式服务、零配件供应、维修服务和信息反馈等功能，简称为"5S"功能。德国、法国、意大利这些汽车大国的专卖店偏爱简单、实用的风格，新车、二手车同场销售，4S 专卖店是普通的销售模式，规模大至上万平方米，小的有上千平方米，同一厂家多品牌同店销售已成为欧洲各国重要的发展模式。此外，还有不少不从事整车销售，仅提供汽车售后服务的特约维修店。无论是 4S 店，还是特约维修店，它们只负责给特定品牌的汽车提供服务，维修中使用的专用维修设备大多由该品牌汽车制造商提供，零部件也都是原厂件。由于特约维修店垄断了新车保修业务，每一家维修店的客户因此也是相对稳定的。然而，有百年汽车发展历史的欧洲，专卖店网络已显颓态。销售网点过于密集，利润空间逐年减少，经销商无利可图，只能合并或者破产。因此，欧盟决定"放开汽车销售模式"，重新设计适应新环境的营销形式，将销售和维修完全分开，并且对汽车零售业进行改革，允许多品牌经营，减少中间环节，以达到降低成本，促进消费之目的。现在，欧洲国家为了降低汽车销售的成本，已经取消了专卖单一品牌的 4S 店。

（二）美国的汽车销售模式

美国作为全球第一大汽车强国，汽车市场和营销模式也处于世界领先地位，同时也产生了很多世界著名的汽车销售大师，他们开创了很多实用有效的汽车营销理论。美国传统的汽车销售体制是从制造商到特约经销商再到顾客，每个地区设立地区机构负责产销关系，同时设有配件中心供应配件，还设有负责修理及培训的维修中心。美国汽车销售的主流模式仍然是汽车专卖店，厂家不直接参与销售商工作，全美共有 2.2 万个汽车专卖店，大多数专卖店只做销售，少数具有一定规模的才会建有售后服务体系。例如，美国通用汽车公司卖出的汽车中，74％不是由特约经销商提供维修服务的，原因是销售商提供维修服务的费用很高，3S、4S 的传统经销模式经销点的建立和运行费用都很昂贵，而且由于汽车科技含量的迅猛提升，所需的维修设备也水涨船高，没有必要每个经销商都购置一套，有业界人士简洁明了地总结了美国汽车销售模式的特点——两低三高。低投入，中国专卖店动辄投资上千万元，美国则挥舞着实用主义的大旗；低成本，美国汽车销售企业不存在那么多的销售层次，年人均售车达 18 辆，而销售人员众多的中国年人均售车不到 1 辆；高产出，美国汽车经销商的税前净利润平均为 29.3％；高效率，美国购车平均两小时可办完全部手续；高素质，这是中美两国汽车销售差异中的最大最关键的差异，在美国，销售企业对营销人员的培训是企业发展的一项重要内容，汽车经销商同医生、会计师、公务员等职业一样是最受国家控制的职业之一，美国的汽车销售人员一般有较高的学历，是汽车销售各个专业中的专家。另外，美国的汽车售后服务逐渐趋向特许经销的，而售后服务则有相对独立性。同时，汽车售后服务也开始走向专业化，如汽车金融服务、保险服务等已从原有的售后服务体系中独立出来。在美国售后服务走向细分、走向专业化同时，也要求销售企业员工具备更专业的素质。实际上，美国的汽车销售与售后服务是分开的，信息方面也有专门的公司负责，所以并不存在真正意义上的 4S 店。

（三）日本的汽车销售模式

作为东亚发达国家的日本，有着令人羡慕的丰田、日产、三菱、马自达、本田五大品牌以及成熟的汽车制造商和销售商。日本的销售渠道体系有通过独立经销商，也有通过厂家出资，经销商进行销售这两种流通模式。日本汽车销售模式以地区经销店为代表，业务构成分三块，即新车、二手车和售后服务。地区经销总店一般负责一个县的品牌销售，经销总店下设若干分店，遍布全县，总店具有全套功能，包括整车销售、旧车交易、维修、配件供应等，并负责该组织该地区统一进货，分店的功能除了整车销售外则至少提供一些易损配件和具备简单的维修设备。在日本的售后服务市场，大型汽车生产商往往是当之无愧的主力军，由他们参股投资的维修厂规模较大，服务功能主要是定点维修品牌车。除此之外，也有很多像澳德巴克斯之类的维修店，与大型维修厂形成互补关系。这些小型连锁店通过全国联网形成最大程度的信息互动与资源共享，巧妙地调动了小型汽车维修店的灵活性。正如丰田汽车销售公司的广告语所说："历史不同，个性不同。"日本汽车销售的模式又不是一成不变的，不同品牌的销售方式也不尽相同。

【本节小结】

在我国汽车 4S 店一般采取一个品牌在一个地区或区域分布一个或相对等距离的几家专卖店，按照汽车制造厂商的统一店内外设计要求装修、建造，投资较大，少则几百万，多则数千万。它的整车销售、零配件供应、售后服务及信息反馈等 4 项功能强调一种整体的、规范的、流程的，能由汽车企业控制的全程运作服务。

第二节　汽车 4S 店管理

【学习目标】

◇ 了解管理的基本概念；
◇ 了解管理的基本职能。

【学习重点】

◇ 管理的基本概念。

【学习难点】

◇ 4 大管理基本职能的含义。

【课程导入】

你是一位宇航员，与另外几位宇航员驾驶一太空船飞向月球，原计划去与已经降落月球、作为基地的太空母船会合。然而，因机械故障，你们的太空船只能迫降在距离太空母船 200 公里之外的月球表面。降落时许多设备受到损坏，而为了生存你们必须充分利用未受损坏的装备自行到达太空母船。

下面列出了 15 种未受损的物资和装备，请依据其重要性分别标出 1～15，以供你们出发时酌其重要性决定取舍。未受损物资和装备如表 1-1 所示。

表 1-1　未受损物资和装备清单

序号	物资和装备	序号	物资和装备
(1)	一盒火柴	(9)	星际图
(2)	压缩食品	(10)	自行充气的救生筏
(3)	50 英尺尼龙绳	(11)	磁罗盘仪
(4)	丝质降落伞	(12)	5 加仑水
(5)	太阳能携带式加热器	(13)	烟火信号枪
(6)	2 支 0.45 口径手枪	(14)	含注射器的急救箱
(7)	1 箱脱水牛奶	(15)	太阳能无线电收发器
(8)	2 瓶大气氧气		

大家思考一下，这里蕴藏着哪些管理的问题。

一、管理的基本概念

管理学者们对管理的定义做了大量的研究，并从不同的角度和侧重点，提出了大量的关于管理的定义。

泰勒的定义：管理是一门怎样建立目标，然后用最好的方法经过他人的努力来达到的艺术。

法约尔的定义：管理就是计划、组织、控制、指挥、协调。

西蒙的定义：管理就是决策。

马克斯韦泊定义：管理就是协调活动。

美国管理协会的定义：管理是通过他人的努力来达到目标。

管理，就是通过计划、组织、领导和控制，协调以人为中心的组织资源与职能活动，以有效实现目标的社会活动。

（1）管理的目的是有效实现目标。

（2）实现目标的手段是计划、组织、领导和控制。

（3）管理的本质是协调。

（4）管理的对象是以人为中心的组织资源与职能活动。管理，最重要的是对人的管理。

二、管理职能

1. 含义与内容

管理职能的含义。管理职能是管理者实施管理的功能或程序。即管理者在实施管理中所体现出的具体作用及实施程序或过程。

管理职能的内容。管理学界普遍接受的观点是，管理职能包括计划、组织、领导和控制。

2. 四大管理职能

（1）计划职能是指管理者为实现组织目标对工作所进行的筹划活动。

计划职能是全部管理职能中最基本的一个职能，它与其他职能有着密切的联系。因为计划工作既包括选定组织和部门的目标，又包括确定实现这些目标的途径。主管人员围绕着计划规定的目标，去从事组织工作、人员配备、指导与领导以及控制工作等活动，以达到预定的目标。为使组织中的各种活动能够有节奏地进行，必须有严密的统一的计划。从提高组织的经济效益来说，计划工作是十分重要的。

（2）组织职能是管理者为实现组织目标而建立与协调组织结构的工作过程。

组织工作是管理的基本职能之一。在计划工作职能确定了组织的具体目标，并对实现目标的途径作了大致的安排之后，为了使人们能够有效地工作，还必须设计和维持一种组织结构，它包括组织机构、职务系统和相互关系。具体地说，就是要把为达到组织目标而必须从事的各项工作或活动进行分类组合，划分出若干部门，根据管理宽度原理，划分出若干管理层次，并把监督每一类工作或活动所必需的职权授予各层次、各部门的主管人员，以及规定上下左右的协调关系。此外，还需要根据组织内外诸要素的变化，不断地对组织结构作出调整和变革，以确保组织目标的实现。这就是管理职能中组织工作的范围。

（3）领导职能是指管理者指挥、激励下级，以有效实现组织目标的行为。

在整个管理过程中，领导工作这一职能，是联结计划工作、组织工作、人员配备以及控制工作等各个管理职能的纽带，是实现组织目标的关键。领导工作实质上是主管人员根据组织的目标和要求，在管理过程中学习和运用有关理论和方法以及沟通联络、激励等手段，对被领导者施加影响，使之适应环境的变化，以统一意志、统一行动，保证组织目标的实现。指导与领导工作的主要任务是如何在一个组织内外，调整和建立良好的人际关系，使人们自觉自愿地跟随领导，为实现组织和个人的目标而努力。

（4）控制职能是指管理者为保证实际工作与目标一致而进行的活动。

控制工作是一个过程，包括三个要素，即制订标准、根据标准衡量工作成效，以及采取措施纠正偏离标准的偏差。同时，控制工作又是管理过程的一个组成部分，在计划工作与控制工作之间，形成一种周而复始的循环过程。简单的控制可能只涉及批评某位下属人员，指出他的问题；而充分的控制则可能包括重新修订目标、制订新的计划、调整组织机构、改善人员配备，以及在领导方法上作出重大改变。因此，广义的控制工作涉及管理的其他各种职能，它使管理工作成为一个闭环系统。

3. 正确理解各管理职能之间的关系

一方面，在管理实践中，计划、组织、领导和控制职能一般是顺序履行的，即先要执行计划职能，然后是组织、领导职能，最后是控制职能。但另一方面，上述顺序不是绝对的，在实际管理中这四大职能又是相互融合、相互交叉的。

4. 正确处理管理职能的普遍性与差异

原则上讲，各级各类管理者的管理职能具有共同性，都在执行计划、组织、领导、控制四大职能；但同时，不同层次、不同级别的管理者执行这四大职能时的侧重点与具体内容又是各不相同的。

【本节小结】

管理作为一门系统地研究人类管理活动的普遍规律、基本原理和一般方法的科学，得到了越来越深入的发展并得到人们的普遍重视。越来越多的人已经或正在认识到，虽然各个领域、各类组织的管理活动具有其特殊性，但在这些特殊的管理活动中却都蕴含着管理活动的一些共性的东西，即无论在社会的什么领域或什么类型的组织中，管理活动都是按照一定的规律进行的，而且这些规律不会因组织的性质或类别的不同而不同。掌握管理的一般思想和规律对于规范企业和个人的行为有着重要的意义。

第三节　汽车 4S 店组织结构及各岗位职能

【学习目标】

　　◇ 熟悉汽车 4S 店组织结构；

　　◇ 掌握各岗位主要职能。

【学习重点】

◇ 汽车4S组织结构图。

【学习难点】

◇ 各岗位上下级隶属关系及主要职能。

【课程导入】

客户要购买一辆新车或是要维修、保养或索赔，他们首先的选择是专业的汽车4S店。在熟悉了4S店的含义和管理的基本职能之后，我们知道，只有完善的组织结构和工作流程，才能有条不紊地完成既定的工作，4S店有着什么样的组织结构和岗位职能才能满足客户的这些购车、维修、保养和索赔的需求呢？

一、汽车4S店组织结构

凡有管理的地方，必有组织，绝不存在没有组织的管理；同样，凡有组织，必定需要管理，也绝不存在没有管理的组织。组织是一切管理的载体，管理不过是组织维持其存在和发展的方式。如果说人类有什么最值得夸耀的话，就是他们在历史的进程中发展了一种特有的组织能力。在组织理论的研究过程中，大致存在三个重要的相关概念，就是组织、组织结构和组织职能。本文将以汽车4S店为组织载体，为大家诠释汽车4S店的组织结构及组织职能。

组织结构是描述组织的框架体系。就像人类由骨骼确定体形一样，组织也是由结构来决定其形状的。

对于组织结构的理解，一般认为就是如何对组织内部进行分工，分配任务，形成上下左右的部门联系以及上下的职位结构，通常可以用图表表示。合作的人们如果要在实施决策目标的过程中，能有比不合作个体综合更大的力量、更高的效率，就应根据工作的要求与人员的特点，设计岗位，通过授权和分工，将适当的人员安排在适当的岗位上，用制度规定各个成员的职责和上下左右的相互关系，形成一个有机的组织结构协调运转。这就是管理的组织职能。

组织结构是随着生产力和社会的发展而不断发展的。常见的组织结构的类型有：直线制、职能制、直线职能制、事业部制、超事业部制、矩阵制、多维立体组织结构以及委员会制组织结构等。

一般来说，汽车4S店的组织结构如图1-1所示。它的设定有4个标准：①依据市场及客户需求设立；②使用适当数量员工执行；③每个成员都理解自身职责；④需求变化时，应适当调整。所以，不同汽车4S店的组织结构、岗位名称也是不一样的，但是，管理职能都相差无几。

从汽车4S店组织结构图中，不难看出，汽车4S店的业务主要由以下几个部分组成：

(1) 新车的销售；

(2) 零配件的销售；

(3) 汽车的维修、保养；

(4) 事故车的维修（含钣金、喷漆）；

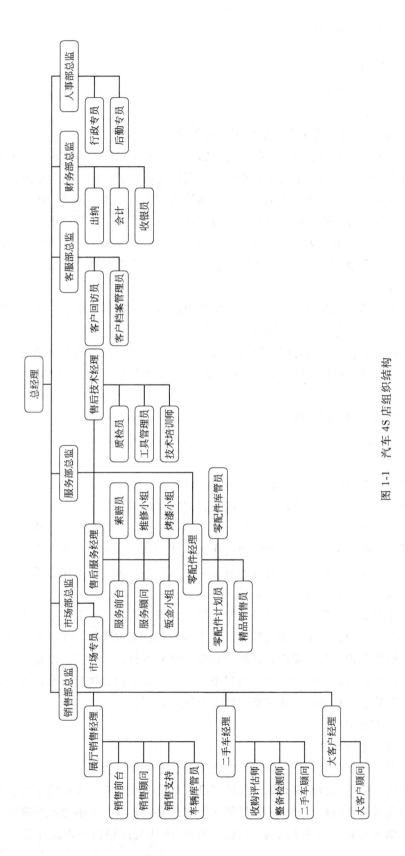

图 1-1 汽车 4S 店组织结构

（5）保修期内的索赔；

（6）保险业务；

（7）汽车美容；

（8）汽车精品销售；

（9）二手车置换。

汽车4S店的平面功能关系包括以下几个部分：

（1）销售展厅：主要完成××品牌新车的展示与销售功能，是体现企业形象的中心区域。主要设有接待区、展示车位区、洽谈区、配件及精品展示区、销售办公区等。

（2）维修接待：该部分主要包括接待、预检区域和客户休息区域。接待、预检区域主要是对入店车辆进行接待、登记和预检，为方便客户等待时间，预检车辆由接待人员直接开进车间，客户一般不直接进入车间，而是进入客户休息区域；客户休息区域除了布置舒适，有的店还配套咖啡吧、影视屏幕等，有一面可以直接看见车间的玻璃墙，展现企业技术操作的规范性。

（3）零配件库：储存汽车零配件，以供客户选购、修理车辆换用，同时对事故、损耗及索赔零配件进行保存归档、反馈给厂家。

（4）车间：售后车辆进行保养服务、事故修理、车辆局部组装改进的场所。

（5）行政管理办公区：同时联系4S店多个部门的功能，主要有财务、接待室、会议室、培训室等。

二、汽车4S店各岗位职能

（一）销售部

1. 销售部总监

直接上级：总经理（或主管销售的副总经理）

直接下属：展厅销售经理、二手车经理、大客户经理

岗位描述：销售部是企业获得利润的核心部门之一，销售部总监是销售部的核心，是销售部全部工作的直接责任人。带领销售人员完成销售业绩目标。要了解汽车行业市场，掌握汽车方面的专业知识；具有良好的营销和汽车产品知识，熟悉业务流程及厂家关于销售的相关政策和基本的财务和法律知识。

日常工作职责：①负责落实公司销售政策，并积极向制造商上报要求的有关材料和信息；②负责本部门和其他相关部门的协调以及本部门员工的管理；③根据公司的总体经营目标，制订销售部相应的年度销售计划及销售策略并执行；④检查、监督和辅导销售部人员完成销售目标计划；⑤检查公司和销售部各项规章和流程的执行情况；⑥分阶段对本部门员工进行政策、市场营销、现场流程和安全教育培训。

2. 展厅销售经理

直接上级：销售部总监

直接下属：销售前台、销售顾问、销售支持、车辆库管员

岗位描述：展厅销售经理是第一线的管理人员，必须具有一定的销售经验来督促并辅导销售顾问完成销售目标。此外，展厅销售经理还必须具有一定的组织管理能力，能够将销售团队团结在一起，共同完成销售目标，有些4S店展厅销售经理还兼任种子讲师或内

训师负责本部门的培训工作，负责对新进销售人员的培训和激励工作。

日常工作职责：①带领销售顾问完成销售总监下达的任务，做好展厅内的销售工作；②分析销售个案，协助销售顾问成交；③汇集销售信息，建立客户档案，并对客户进行分级和分类；④检查、调整、优化公司和销售部各项有关流程和规章，并监督流程的贯彻执行情况；⑤负责市场信息收集、处理、分析和反馈；⑥牵头处理重大客户投诉；⑦协助销售总监，评估银行、保险公司等中介合作机构，并维护和拓展；⑧定期安排销售顾问进行职业技能的培训和学习。

3. 销售前台

直接上级：展厅销售经理

直接下属：无

岗位描述：拥有良好的服务意识、形象极佳；较好的语言表达能力、沟通能力和团队合作能力；懂得基本社交礼仪、电话礼仪，完成接待客户、引导客户的任务，掌握计算机日常操作。

日常工作职责：①保证有良好的工作热情，主动的为客户提供服务，负责前台电话的接听和转接，做好来电咨询工作，重要事项认真记录并传达给相关人员，不遗漏、延误；②负责来访客户的接待、基本咨询和引见，严格执行公司的接待服务规范，保持良好的礼节礼貌；③负责公司前台大厅的卫生清洁、桌椅摆放及设备的维护，并保持整洁干净；④负责前台车型资料的完整；⑤完成领导交办的其他相关任务。

4. 销售顾问

直接上级：展厅销售经理

直接下属：无

岗位描述：销售顾问是接触客户的第一线人员，是汽车 4S 店的形象代表，是将汽车产品交给客户的使者，是维系汽车 4S 店和客户之间关系的纽带；要求掌握营销相关知识；了解汽车行业并熟悉汽车产品的相关知识；良好的销售与谈判能力、沟通表达能力、关系拓展与维护能力以及较强的计划执行能力；熟练掌握各类办公软件的操作；熟练掌握驾驶技能，有驾驶执照。

日常工作职责：①开发新客户（展厅接洽），维系老客户，建立个人客户档案，完成展厅销售经理下达的任务；②对客户进行有效管理，统计客户信息资源、认真记录展厅客户来电信息、及时跟进客户信息、掌握客户动向、促使成交，并详细记录回访情况，让客户满意，创造忠诚客户；③热情主动地接待展厅来访的每位客户，负责向客户介绍车辆主要性能和价格，并积极引导客户试乘试驾；④负责向客户说明购车程序并协助客户办理相关手续；⑤负责签订订单，负责对有望客户和成交客户的跟踪回访；⑥负责竞争车型资料信息收集、处理、分析、反馈；⑦服从领导的各项工作安排，团结同事，尊敬领导，树立团队精神，积极参加公司的团队活动、例会和培训。

5. 销售支持

直接上级：展厅销售经理

直接下属：无

岗位描述：掌握良好的汽车产品知识、信息技术知识、车辆贷款知识、车辆保险知识，协助客户办理车贷与保险、协助客户办理车辆上牌工作、完成信息系统管理工作。我们将在相关课程中学习车辆贷款、保险、上牌等知识。

6. 车辆库管员

直接上级：展厅销售经理

直接下属：无

岗位描述：保证入库车辆的质量；保证库存车辆处于良好的待销售状态；保证将出库车辆的证明文件齐全完好地移交到销售顾问手中。

日常工作职责：①严格遵守公司及销售部的各项规章制度，服从公司及部门领导的工作安排；②负责新车入库的检验、出库及库存车辆的保管工作；③负责库存商品车辆的日常检查及报修；④负责展厅展示车辆的更换和日常检查；⑤每天对负责库存车辆的不定时检查，及时报修问题库存车辆，保证销售顾问能正常销售车辆；⑥负责调拨车辆的钥匙发放、保管及库存车辆的清洁卫生；⑦负责商品车辆钥匙的进出登记；⑧每月制定下月车型订单并报送相关领导。

7. 二手车经理

直接上级：销售部总监

直接下属：收购评估师、整备检测师、二手车顾问

岗位描述：随着我国汽车保有量不断地增加，二手车部门成为一些大的特约经销商必有的部门，它的职能主要有两大部分，一是置换、二是销售。要具有良好的营销知识和汽车产品知识；了解汽车构造及维修知识，熟悉各种汽车相关配置及状况；了解二手车市场以及竞争对手的情况；取得二手车评估相关等级证书。

日常工作职责：①明确销售目标和公司预算，制定二手车销售和收益计划；②二手车销售策略的制定和更新；③协调相关资源，领导相关人员完成二手车销售目标；④团队建设和人员培养工作。

8. 收购评估师

直接上级：二手车经理

直接下属：无

岗位描述：拥有多年新车、二手车销售经验，十分熟悉二手车市场行情，具有国家认可的中高级评估师资格，对市场有分析、判断能力。

日常工作职责：①二手车市场信息收集和分析；②负责二手车评估，对二手车价格进行核定；③二手车相关知识培训；④领导交办的其他工作。

9. 整备检测师

直接上级：二手车经理

直接下属：无

岗位描述：有一定的汽车理论、汽车构造基础知识；了解一定的维修常识和营销知识；经过相关产品培训以及二手车相关检测的培训，获得相关资格证书，具有良好的沟通能力和服务意识。

日常工作职责：①新车整备检测；②二手车整备的检测。

10. 二手车顾问

直接上级：二手车经理

直接下属：无

岗位描述：非常熟悉汽车产品知识；了解汽车构造、维修知识及各种汽车相关配置状况；了解二手车市场以及竞争对手的情况良好的销售与谈判能力、沟通表达能力以及较强的计划执行能力；熟悉计算机操作；熟练掌握驾驶技能，有驾驶执照。

日常工作职责：①协助领导制定二手车业务计划；②在二手车经理的指导下，完成二手车销售任务和日常销售工作；③建立、完善客户信息系统；④学习与自我提升；⑤领导交办的其他工作。

11. 大客户经理

直接上级：销售部总监

直接下属：大客户顾问

岗位描述：拥有多年汽车行业销售经验，具备良好的营销知识和汽车产品知识，良好的社交礼仪知识，良好的商业敏感性、关系拓展与维护能力、沟通能力、演示能力、团队合作能力。

日常工作职责：①大客户计划及策略制定；②领导大客户销售顾问，面向批量购买客户开展全方位营销工作；③监督大客户数据、信息的收集工作；④完成针对大客户的全程服务的审核工作；⑤部门内部管理。

12. 大客户顾问

直接上级：大客户经理

直接下属：无

岗位描述：具备良好的营销知识和汽车产品知识，良好的商业敏感性、关系拓展与维护能力、沟通能力和团队合作能力；具备较强的责任心和敬业精神；能够熟练操作各种办公软件并能熟练使用其他办公自动化设备。

日常工作职责：①面向政府机关、企事业单位等批量购买客户，开展全方位营销工作；②搜集潜在的批量购买客户市场信息，进行整合分析，为上级提供决策支持；③建立、完善客户信息系统；④为大客户提供全程服务。

(二) 市场部

1. 市场部总监

直接上级：总经理（或主管市场的副总经理）

直接下属：市场专员

岗位描述：了解汽车行业市场，具有深入的市场营销、广告、公关等相关知识，有一定的市场分析和数据统计知识，熟悉汽车产品知识及厂家相关政策流程；具有较强的市场分析与控制能力、组织协调能力、沟通能力、活动策划能力及语言表达能力，具有创新意识和开拓精神。负责品牌车辆的市场调研、广告、促销活动策划、形象推广等营销工作；负责潜在客户的市场开发与管理工作。

日常工作职责：①基于公司战略，制定相关营销计划；②基于营销计划，结合市场动态，制定和更新营销策略；③监督市场分析工作并撰写报告；④领导市场部相关人员，完成市场营销活动；⑤广告投放及监测工作；⑥公共关系维护；⑦团队建设和人员培养。

2. 市场专员

直接上级：市场部总监

直接下属：无

岗位描述：市场专员是一个统称，具体在不同的4S店分工也有所不同，但它的职能主要包括广告策划、市场分析等职能。要求了解汽车行业市场；掌握市场营销、广告、公关等相关知识；具有较强的组织协调能力、沟通能力、活动策划能力及语言表达能力；具有创新意识和开拓精神。

日常工作职责：①策划公司的各项营销活动；②组织、策划品牌和公司的形象宣传活动；③在市场部总监的指导下，完成营销活动；④协助完成市场分析并编写报告工作；⑤广告投放及监测工作，与广告公司或媒体沟通和联系，监督广告的实施和监测广告效果，跟踪竞争对手在媒体上出现的广告频率、规模和动向，并及时向市场部总监反馈提交特约店月度、季度或年度促销计划方案；⑥配合公司其他部门的工作。

（三）服务部

1. 服务部总监

直接上级：总经理（或主管服务的副总经理）

直接下属：售后服务经理、售后技术经理、零配件经理

岗位描述：精通市场营销、企业管理知识；具有扎实的汽车方面的专业知识，同时，熟悉了解汽车维修与服务市场；熟悉汽车维修与服务相关业务工作流程及其他的相关知识（包括财务、保险、客户管理），向制造商反馈各车型受众使用相关信息。

日常工作职责：①根据公司下达的销售任务，制定售后战略和售后计划，并监督执行；②了解市场动态，制定和更新服务策略；③服务标准、流程的实施与控制；④管理并协调售后服务各部门工作；⑤负责本部门与其他部门的协调工作；⑥团队建设和人员培养工作；⑦向总经理汇报工作。

2. 售后服务经理

直接上级：服务部总监

直接下属：服务前台、服务顾问、索赔员

岗位描述：售后服务经理在有的4S店也称为售后服务站站长，要求具备基本的企业管理知识和较好的服务营销知识；掌握丰富的汽车理论知识和汽车维修知识；协调车间工作。

日常工作职责：①协助服务总监制定部门工作计划和策略，并及时更新；②负责组织开展服务营销活动；③全权负责前后台的管理工作，高质、高效地完成公司下达的各项指标；④维系与客户之间的联系；⑤负责与售后技术经理、零配件经理沟通，协调前台与维修车间、零部件部门的沟通和联系；⑥监督客户档案的建立和管理。

3. 服务前台

直接上级：售后服务经理

直接下属：无

岗位描述：良好的服务意识；较好的语言表达能力、沟通能力和团队合作能力；懂得基本社交礼仪、电话礼仪，完成接待客户、引导客户的任务，掌握计算机日常操作。

日常工作职责：①负责电话接待工作；②客户接待与分流引导；③信息统计等工作。

4. 服务顾问

直接上级：售后服务经理

直接下属：无

岗位描述：服务顾问也称 SA（Service Acceptance）或维修接待。服务顾问是客户到店维修保养时接触的最主要人员，要求具有较丰富汽车理论、汽车构造及维修知识，熟悉维修业务流程；具有较强的语言表达能力、组织协调能力、沟通能力、冲突解决能力和实际动手能力；熟练掌握驾驶技能，有驾驶执照。

日常工作职责：①全面贯彻落实公司售后服务核心流程；②搜集区域市场信息，为上级提供决策支持；③负责接车前的准备工作，为接车与维修提供便利；④建立、完善客户信息系统和分析客户群；⑤负责修理过程的沟通与协调；⑥负责车辆维修的质量检查；⑦负责向客户交送车辆，并结清相关账款；⑧开展提醒、预约、个性化亲情服务。

5. 维修小组、钣金小组、烤漆小组

直接上级：售后服务经理

直接下属：无

岗位描述：具有很强的动手能力、语言表达能力、独立解决问题的能力、汽车工艺学习及钻研能力，熟练掌握驾驶技能，有驾驶执照；维修技师负责所有的保养、维修作业和新车的出厂前检查（Pre Delivery Inspection，PDI）即车辆的售前检验记录，按照 4S 店的维修手册、技术指引、培训程序等方法来开展。

日常工作职责：①实施服务顾问或售后服务经理的派工任务和紧急抢修、车辆救援工作；②负责工位设备及工具的维护管理；③负责维修质量的自检和互检；④向售后服务经理或服务顾问汇报作业进度及异常；⑤负责本工位区域环境的清洁和保持及工具、设备的保管与保养；⑥参加技术培训及学习。

6. 索赔员

直接上级：售后服务经理

直接下属：无

岗位描述：索赔员受汽车生产厂家的委托负责汽车生产厂家的产品在质量保证期内发生的质量问题故障鉴定和故障处理（维修、更换）、汽车产品的首次保养、定期保养和技术咨询；要熟悉汽车产品结构性能；全面掌握汽车理论及汽车构造知识；了解相关的管理常识，具有较好的语言表达能力和协调能力；具有一定的损伤件鉴定能力，熟练掌握计算机操作技能。

日常工作职责：①接待客户投诉或索赔；②诊断投诉与索赔问题；③负责索赔手续的办理和沟通工作；④处理赔偿单据，并做赔偿总结；⑤索赔旧件的管理。

7. 售后技术经理

直接上级：服务部总监

直接下属：质检员、工具管理员、技术培训师

岗位描述：拥有多年汽车机电修理相关工作经验，掌握丰富的汽车理论及汽车维修知识，具有一定的外语阅读能力，具备一定的组织协调能力，有较强的培训能力和合作意

识，良好的语言表达能力、文字表达能力及沟通能力，熟练掌握计算机。

日常工作职责：①接受汽车生产厂商的新技术培训，并对本公司服务人员实施技术培训或指导技术培训师对相关服务人员实施技术培训；②监控公司技术能力并提出相关建议；③对相关信息的跟踪及反馈；④对专用工具及人员的管理；⑤技术相关资料的收集和保密。

8. 质检员

直接上级：售后技术经理

直接下属：无

岗位描述：具有丰富的汽车维修知识和汽车理论知识，有较好的语言表达能力，组织协调能力，很强的观察能力、逻辑思维能力，以及较好的社会关系处理能力，熟练掌握计算机，熟悉汽车驾驶、有驾驶执照。

日常工作职责：①负责对维修质量进行把关，并做好记录；②负责返修车辆的质量监督和检查，并做好记录工作；③分析与鉴定车辆故障。

9. 工具管理员

直接上级：售后技术经理

直接下属：无

岗位描述：了解库房管理知识和文件资料管理知识；具备一定的维修知识和汽车理论知识，有一定的沟通能力、协调能力及管理经验，熟练掌握计算机操作。

日常工作职责：在售后技术经理的指导下，按照公司的相关管理制度，完成各项工具及相关技术资料管理工作。

10. 技术培训师

直接上级：售后技术经理

直接下属：无

岗位描述：具有 2 年以上机电维修经验，全面掌握售后服务相关知识和流程；掌握丰富的汽车维修知识；了解培训的相关方法；具备一定的组织协调能力，有较强的培训能力和合作意识，良好的语言表达能力、文字表达能力及沟通能力，熟练掌握计算机。

日常工作职责：①撰写服务部的员工培训计划；②在上级的领导下，对售后服务部各岗位的员工进行技术培训；③负责对售后员工的专业知识、技术水平进行考查；④配合人力资源部门的培训工作；⑤负责上岗资格证的审核工作。

11. 零配件经理

直接上级：服务部总监

直接下属：零配件计划员、零配件库管员、精品销售员

岗位描述：掌握汽车维修专业知识及零配件管理知识，具备良好的营销常识，有良好的管理能力、组织协调能力、沟通能力、较强的理解力与执行力；能熟练操作各种办公软件。

日常工作职责：①制定备件计划，负责建立合理的备件库存量；②指导库管员对库房的分类与管理；③负责紧急件与进口件的订货管理；④对备件人员进行相关的人员培训；⑤贯彻、执行汽车生产厂家备件方面的有关规定。

12. 零配件计划员

直接上级：零配件经理

直接下属：无

岗位描述：具有一定的管理知识，具备一定的汽车构造和汽车配件知识，了解车辆维修常识和营销知识，具有组织协调能力、沟通能力，能够熟练操作各种办公、配件管理软件。

日常工作职责：①制定零配件订购计划并完成零配件订货工作；②处理零配件相关单据与资料；③负责填写《紧急订货需求单》，向汽车制造厂家零配件部提出零配件紧急订货；④对零配件库存情况进行管理；⑤结算货款；⑥负责向汽车制造厂家提出零配件索赔。

13. 零配件库管员

直接上级：零配件经理

直接下属：无

岗位描述：具有仓库管理相关经验，具有一定的汽车理论、汽车构造及维修常识；熟悉及认识汽车配件及配件管理流程，具备沟通能力、能熟练进行计算机操作。

日常工作职责：①负责零配件的入库验收；②码好零配件；③定期盘点；④负责零配件出库；⑤管理零配件库。

14. 精品销售员

直接上级：零配件经理

直接下属：无

岗位描述：具备较丰富的精品附件销售技巧，熟悉汽车配件及精品，沟通能力较强，能熟练进行计算机操作。

日常工作职责：①制定精品及附件订购计划并完成精品订货工作；②处理相关单据与资料；③负责汽车精品及附件的报价；④负责精品销售和管理；⑤负责市场分析和售后保修工作；⑥结算货款。

（四）客服部

1. 客服部总监

直接上级：总经理或总经理助理

直接下属：客户回访员、客户档案管理员

岗位描述：具有多年销售或服务行业经验，掌握一定的车辆使用和维修知识，具有较强的沟通能力、协调能力和解决冲突的能力。

日常工作职责：①制定部门工作目标和计划；②组织协调客户满意度调查并分析；③客户档案的管理及客户的定期回访工作；④客户投诉的跟踪；⑤客服部日常人员管理工作。

2. 客户回访员

直接上级：客服部总监

直接下属：无

岗位描述：客户回访员主要有两个工作点，销售回访和售后服务回访。需要一定的汽车专业知识；熟悉相关工作流程；较强的客户沟通能力以及解决冲突的能力；能够熟练操作各种办公软件。

日常工作职责：①在客服总监的指导下，完成客户满意度调查，完成客户接待工作，保持客户接待区的干净整洁；②协助分析汇总销售和售后服务回放过程中顾客满意度的调查结果；③主动预约沉寂客户；④记录汇总咨询的内容，及时分析并反馈给客户主管；⑤对客户进行不定期的回访，通过回访不但了解不同客户的需求、市场咨询，还可以发现自身工作中的不足，及时补救和调整，满足客户需求，提高客户满意度；⑥接到投诉的时候，要即时处理，处理后要及时回访，使得客户投诉得到高效和圆满的解决，建立投诉归档资料；⑦与其他部门密切沟通，参与营销活动，协助市场销售。

3. 客户档案管理员

直接上级：客服部总监

直接下属：无

岗位描述：熟悉档案管理办法；掌握计算机档案管理信息系统；具有较强的责任心和敬业精神；能够熟练操作各种办公软件。

日常工作职责：①各种客户文档的管理；②信息收集和传递。

（五）财务部

1. 财务部总监

直接上级：总经理（或主管财务的副总经理）

直接下属：出纳、会计、收银员

岗位描述：熟悉国家政策和财经法规；系统地掌握财务会计基础理论和专业知识；出众的组织协调能力、沟通能力；良好的财务预测分析能力；熟练掌握财务软件及各种办公软件的使用。

日常工作职责：①制定财务战略和计划；②指导下属建立和完善财务核算体系；③建立和完善财务监控体系，进行有效的内部控制；④负责资金筹措和税务规划，确保公司各部门正常运转；⑤进行财务分析，为公司决策提供依据。

2. 出纳、会记、收银员

直接上级：财务部总监

直接下级：无

日常工作职责：①账务处理；②日常核对；③报表编制和报送；④资产管理；⑤会计档案管理；⑥票据管理；⑦收款付款、资金管理、报表制作；⑧负责销售部、服务部客户结账工作；⑨负责整车、维修、精品业务的收款业务；⑩维修台账登录。

（六）人事部

1. 人事部总监

直接上级：总经理（或主管人事的副总经理）

直接下属：行政专员、后勤专员

岗位描述：熟悉人力资源管理相关理论，熟悉人力资源管理各项实务的操作流程，熟悉劳动法、合同法及国家人力资源相关法律法规；熟悉企业管理相关理论，熟悉企业行政管理操作流程；具备较强的协调能力、沟通能力和人际关系处理能力，熟练使用办公软件及相关的人事管理软件。

日常工作职责：①分析人力资源状况并协助制定计划；②员工招聘；③薪酬福利管理；④激励考核；⑤人力资源相关手续办理；⑥员工培训；⑦根据公司管理制度，监督并指导下属完成各项日常行政工作；⑧公司内部的建设工作；⑨公司宣传活动。

2. 行政专员、后勤专员

直接上级：人事部总监

直接下属：无

日常工作职责：①根据公司管理制度，在人事部总监的领导下，完成各项日常行政工作；②协助公司各部门总监完成公司宣传活动；③会务安排和来客接待；④对公司用品进行保管；⑤物业维护的管理；⑥后勤保障；⑦对保洁、餐饮等外包公司的管理。

【本节小结】

在熟悉了汽车 4S 店的组织结构和各岗位职能后，各部门的工作流程则是从事这些岗位的重要指导思想。一般来说，汽车 4S 店主要包括汽车销售流程、售后服务流程、配件管理流程、客户管理流程等方面。这些流程也将会在日后相关课程（如《汽车销售》、《汽车配件管理》、《二手车评估》、《汽车维修保养》等）陆续为大家介绍。

思考与练习

常见汽车 4S 店组织结构图中的各个岗位职责是什么？

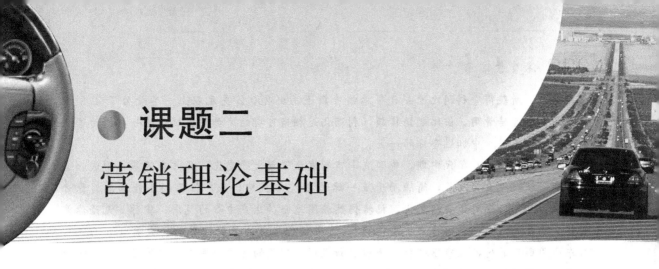

课题二
营销理论基础

第一节　营销观念的发展

【学习目标】

　　◇ 了解营销观念的发展；

　　◇ 正确树立现代营销理念。

【学习重点】

　　◇ 5种营销观念的变革。

【学习难点】

　　◇ "现代营销观念"与"传统营销观念"的区别。

【课程导入】

福特"T型车"的成功与失败

　　20世纪初，汽车是由技术工人手工打造而成的，成本较高，因而价格难以下降，汽车成了地位的象征，拥有汽车只是少数人的特权。福特的贡献在于他把汽车变成了普通商品。福特用大规模生产实现了这一点，他们创造了第一条汽车装配流水线，从而大大节省了工人时间，降低了成本与价格。

　　为了满足市场对汽车的大量需求，福特采用了当时颇具竞争力的营销战略，只生产一种车型，即只生产T型车；只有一种颜色可供选择，那就是黑色。黑色的T型车甚至就是汽车的代名词。这样做的好处是福特能以最低成本生产，用最低价格向消费者提供汽车。T型车改变了日后美国人的生活方式，使美国变成了汽车王国。1908年冬天，美国人便能以825美元的价格买到一部轻巧、有力、两级变速、容易驾驶的T型车。这种简单、坚固、实用的小汽车推出后，它的创造者——福特欣喜若狂。这大大增强了广大中产阶级对汽车的需求，而福特也因此成了美国最大的汽车制造商，到1914年的时候，福特汽车占有美国一半的市场份额。

　　这种全新的T型车造型简单，就像是在四个轮子上安上了一个大黑匣子，各部分可装可拆，可以自由组装成多种农用机械，并针对美国当时的道路情况设计了较高的底盘，可以像踩高跷一样在颠簸的路上顺利行驶。同时，该车还去除了不必要的附件，车身减轻了，造价也大大降低。

　　T型车为福特带来了高额利润。仅一年的时间，销售量已经达6000部，创下了历史最高纪录，所获得净利润比过去 5 年总销售额还高出 200 万美元以上，尽管为了 T 型车投入了巨额宣传费用，但比起销售额，利润仍是相当可观的。毋庸置疑，这一举措为亨利·福特写下了一生中灿烂夺目的一页。

到了 20 世纪 20 年代中期，美国汽车市场发生了巨大的变化，买方市场基本形成，道路及交通状况也大为改善，简陋而千篇一律的 T 型车虽然价廉，但已经不能满足消费者的需求。然而，面对市场的变化，福特仍然顽固地坚持生产中心的观念，宣称"无论你需要什么颜色的汽车，我福特只有黑色的"。这句话已经成为了营销界的一大笑谈。而通用汽车公司则及时地抓住市场机会，推出了新式样和颜色的雪佛兰汽车。雪佛兰一上市就受到消费者的追捧，福特 T 型车的销量剧降。1927 年，累计销售了 1500 多万辆的 T 型车不得不停产，通用公司也一举超过福特，成为世界最大的汽车公司。

讨论：想一想，如果福特到现在依旧生产黑色 T 型车，还能够有今天的辉煌吗？

结论：不能。因为只有树立正确的营销观念才是企业成败的关键，只有在尊重市场规律的前提下，适时转变营销观念才能赢得最终的市场。

由此，不难看出，观念是人们在实践当中形成的各种认识的集合体。伴随着各种各样的成败案例一点点积累和发展的。正确的营销观念就是指导企业发展的坚强动力和制胜法宝。那么营销观念是如何发展的呢？

一、营销观念的发展

结合以上案例及观点，参照图 2-1，我们解释以下几个概念。

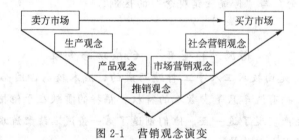

图 2-1　营销观念演变

（一）卖方市场

卖方市场就是产品价格及其他交易条件主要决定于卖方的市场。由于产品供不应求，卖方处于有利的市场地位，即使抬高价格，也能把商品卖出去，从而出现某种商品的市场价格由卖方起支配作用的现象。美国等西方一些发达国家在 1920 年前后及我国在 1980 年前后，当时的社会生产力水平还比较低，市场上商品短缺、供不应求，完全属于"卖方市场"。

其特点是：企业认为消费者需求一样；一切以生产者为中心；先有产品，后有消费者；通过推销方式，增加销售收入；企业在市场占主导地位。

（二）生产观念

生产观念是指导企业运作最古老的一种观念。是在生产力水平比较低、市场产品供不应求，产品短缺现象广泛存在的背景下出现的。这种观念认为，消费者喜欢那些随处可以买到而且价格低廉的产品。因此企业的任务就是提高生产效率，重点考虑"我能生产什么"。这是一种重生产、轻市场的观念。在这种观念指导下，企业注重扩大规模和提高生产效率以提高产量、降低成本，而产品的质量、特色和服务往往受到忽视，企业认为"我生产什么，消费者就会购买什么"。正所谓"皇帝的女儿不愁嫁"，导入案例中福特汽车公司的作法就是典型的生产观念。"不管顾客需要什么颜色的汽车，我们的汽车就是黑色的。"

生产观念产生和适用的条件是：市场上商品需求超过供给，卖方竞争较弱，买方争购，选择余地不多；产品成本和售价太高，只有提高生产效率，降低成本从而降低售价，方能扩大市场。也就是说，当市场的主要问题是产品的有无或贵贱问题，即当人们是否买得到或买得起成为市场主要矛盾时，生产观念适用。因此，随着科学技术和社会生产力的发展，以及市场供求形势的变化，生产观念的适用范围必然越来越小。

（三）产品观念

产品观念是在企业遵循生产观念的过程中，理念的一种升华。随着市场的变化，企业发现人们愈来愈注重产品的质量，只要是质量好的产品，人们就喜欢，用中国的一句老话"好酒不怕巷子深"来概括再合适不过了。这是一种重质量，轻市场的观念。这种观念为企业的发展提供了良好的依据。当然在这个过程中，也出现了一些对产品内涵的理解上的偏激现象。企业总是在生产更好的产品上下工夫，而却常出现顾客"不识货"不买账的情况。由于这个原因导致企业失败，就是因为这种生产观念仍是从自我出发，孤芳自赏，使产品改良和创新处于"闭门造车"状态。

因此，许多企业常常投入巨大精力生产这样"高质量"产品，而没有得到市场对这些产品的"认可"，他们往往抱怨自己的产品质量是最好的，但市场为何并不欣赏。这种观念在商品经济不甚发达的时代或许有一定道理，但在现代市场经济高度发达的条件下，则肯定不适用。因为：第一，现代市场需要变化很快，并且是多层次的，如果不适合市场需要，再好的产品也不会畅销；第二，现代市场竞争激烈，不同于小商品生产时代，如果没有适当的营销活动，再好的产品也不可能持久地占领市场。例如，当空调机普遍进入消费者家庭的时候，凉席无论多好也不会再畅销；当袖珍计算器大量上市后，再好的计算尺也无人问津。产品观念会导致"营销近视症"，它过于重视产品本身，而忽视市场的真正需要。因此，不应过分夸大生产的作用，而忽视市场营销。

生产观念和产品观念都属于以生产为中心的经营思想，其区别只在于：前者注重以量取胜，后者注重以质取胜，二者都没有把市场需要放在首位。

（四）买方市场

买方市场就是价格及其他交易条件主要决定于买方的市场。由于市场供大于求，卖者之间展开竞争，为了减少自己的过剩存货，他们不得不接受较低的价格。这样就出现了某种商品的市场价格由买方起支配作用的现象。

其特点是：消费者需求不同；一切以消费者为中心；先有消费者，后有产品；消费者在市场占主导地位；通过4P'S（产品、价格、渠道、促销）的研究来增加销售收入。

（五）推销观念

推销观念是在"卖方市场"向"买方市场"过渡期间产生的。从20世纪20年代开始，由于科技进步和科学管理，致使生产大规模发展，商品产量迅速增加，导致商品供求状况发生了变化，逐渐出现了某些产品供过于求，卖主间的竞争日趋激烈的现象。这使企业家们认识到，即使商品物美价廉也未必能卖得出去。于是认为，企业需要大力刺激消费者的购买兴趣，否则消费者就不会购买本企业的产品，或者只会少量购买，于是开始注重商品的推销工作。它的基本手段是广告和人员推销，以此达到激发顾客购买兴趣、扩大销售、取得利润的目的，不重视客户的需求和售后服务等内容。

推销观念与前两种观念的异同：前两种观念是"以生产为中心"，不重视产品销售；而推销观念是"以销售为中心"，"货物出门，概不退换"。推销观念的基本认识是：产品是被卖出去的，而不是被买出去的。推销观念与前两种观念的共同点是：都不重视根据市场需求去开发相应的产品，不重视在品种、花色、服务和各种保证方面满足顾客需求，企业目标是销售能够生产的东西，而不是生产能够销售的东西，所以，它仍然是"以产定销"。

（六）市场营销观念

市场营销观念是在买方市场形成后产生的。其基本内容是"一切从顾客出发"，是"发现需要并设法满足"，"顾客需要什么，我们就生产什么"，而不是以产定销，推销已有的产品。其基本特征是"以销定产"，以消费者为向导，它的产生主要是20世纪50～60年代，市场上商品供过于求现象继续发展，市场竞争越来越激烈，消费者需求变化也越来越快，企业面临越来越严重的市场问题，于是市场营销观念成为他们解决问题的良方。"顾客需要什么，我们就生产什么"。

市场营销观念的理论基础就是"消费者主权论（Consumer Sovereignty）"，即决定生产何种产品的主权不在于生产者，也不在于政府，而在于消费者。在生产者和消费者的关系上，消费者是起支配作用的一方，生产者应当根据消费者的意愿和偏好来安排生产。生产者只要生产出消费者所需要的产品，就不仅可增加消费者的利益，而且可使自己获得利润，否则他们的产品就没有销路。

市场营销观念的形成和在实践中被广泛运用，对西方企业改善经营起了重要作用，并取得了重大成就。美国的可口可乐、P&G、IBM、麦当劳等公司都是运用市场营销观念并取得成功的范例。因此，在西方有人把这一经营思想的变革同产业革命相提并论，称之为"营销革命"。甚至还有人说这是企业经营思想方面的"哥白尼日心说"。这虽然未免夸大其词。但这一经营思想的重要性及其影响之大，的确不容忽视。不过，近年来也有人提出，不应过分夸大营销革命的作用而忽视技术革命和新产品开发，新产品毕竟是占领市场的物质基础。

虽然市场营销观念强调满足顾客需要是企业的最高宗旨，但也有许多企业为了牟取暴利，往往置消费者利益和社会利益于不顾。例如，虚假的广告宣传，冒牌的或有害的商品，不择手段的推销等等。于是，20世纪60年代以来，消费者保护运动在西方发达国家更加发展壮大。在这一运动的推动下，许多国家的政府也加强了保护消费者利益的立法和执法。这一切表明，市场营销观念需要补充和修正，需要一种更加完善的营销管理哲学。

（七）社会营销观念

社会营销观念是20世纪70年代以来市场营销观念的一种新发展。它的产生背景是，70年代以后，西方市场出现了一些重要的变化。首先，部分企业在经营中没有真正贯彻市场营销观念，为牟取暴利，以次充好，以虚假的广告欺骗消费者。其次，有些企业在主观愿望上愿意维护消费者的利益，但却忽略了他们的长远利益。比如有人指责美国麦当劳的汉堡包，能满足人们对廉价、味美、快捷的需求，但因脂肪含量过多，长期食用，不利于人们的身体健康。第三，企业在经营中造成了环境污染、物质浪费等社会现象。比如，一些清洁用品的使用造成河流污染，破坏了水产资源的生态平衡；过量的小轿车生产和使用不仅严重地污染了环境，而且是交通事故增加的重要原因之一。为了解决这些现实问题，市场营销学提出了社会营销观念。

所谓社会营销观念，就是不仅要满足消费者的需要和欲望，并由此获得企业的利润，而且要符合消费者自身和整个社会的长远利益，要正确处理消费者欲望、企业利润和社会整体利益之间的矛盾，统筹兼顾，求得三者之间的平衡与协调。

这显然有别于单纯的市场营销：一是不仅要社会市场营销观念迎合消费者已有的需要和欲望，而且还要发掘潜在需要，兼顾长远利益；二是要考虑社会的整体利益。因此，不能只顾满足消费者眼前的生理上的或心理上的某种需要，还必须考虑消费个人和社会的长远利益。社会营销观念不是对市场营销观念的取代或否定，而是对市场营观念的发展。

二、五种观念的对比分析（见表 2-1 所示）

表 2-1　五种观念的对比分析

营销观念		市场特征	出发点	手段	策略	目标
传统观念	生产观念	供不应求	生产	提高产量降低成本	以产定销	增加生产取得利润
	产品观念	供不应求	产品	提高质量增加功能	以高质取胜	提高质量获得利润
	推销观念	生产能力过剩	销售	推销与促销	以多销取胜	扩大销售获得利润
新观念	市场营销观念	买方市场	顾客需求	整体市场营销	以比竞争者更有效地满足顾客需要取胜	满足需要获取利益
	社会营销观念	买方市场	顾客需要、社会利益	整体市场营销	以满足顾客需要和社会利益取胜	满足顾客需要、增进社会利益获得经济效益

【本节小结】

我们可以看到这些观念中最重要的一点：挖掘消费者内心真正的需求，从而为他们提供切实的解决方案才是销售人员成功的根本，事实上，随着社会的发展，企业的经营观念也在发生着根本性的变革。从生产观念、到产品观念、推销观念（或称销售观念）、营销观念、社会营销观念走过了很长一段时间。其中销售观念和营销观念是目前企业经营观念中较有代表性的。营销观念认为，实现组织者目标的关键在于正确确定目标市场的需求和欲望，并且比竞争对手更有效、更有利地传送目标市场所期望满足的欲求。

第二节　市场营销的核心概念

【学习目标】

◇ 掌握营销的核心概念；

◇ 掌握八种需求的营销对策。

【学习重点】

◇ 需要、欲望、需求、产品、市场、营销的概念。

【学习难点】

◇ 营销、销售、推销之间的区别；

◇ 负需求、无需求、下降需求、不规则需求、潜在需求、充分需求、过量需求、有害需求的营销对策。

【课程导入】

长安福特旗下都有哪些品牌的车型？你喜欢哪一款？为什么。

嘉年华（两厢、三厢）、经典福克斯（两厢、三厢）、新福克斯（两厢、三厢）、蒙迪欧致胜、麦柯斯、锐界等（如图2-2所示），大家也可以根据兴趣想一下，美国福特旗下还有哪些知名品牌的汽车，提示一下，电影《速度与激情5》、《极速60秒》中，那辆让人心潮澎湃的……

所以，不管喜欢哪一款车，在实际消费中，它满足了你某些需求。今天，我们将以此为核心，为大家解释市场营销的一些基本概念。

一、市场营销的含义

市场营销（Marketing）从英文字面分析，有两种译法：一是把它作为一种经济活动，译为"市场营销"；二是把它作为一种学科名称，译为"市场学"或"市场营销学"。对于市场营销这个概念，存在许多解释，一般可以归纳为如下的基本含义：

市场营销是从市场需要出发的管理过程。其核心思想是交换，这种交换对买卖双方都是有利的，交换过程涉及大量的工作。卖方必须搜寻买方，找到他们的需要，设计良好的产品和服务，制定合理的价格，有效地开展促销活动，并高效率地进行存储和运输。产品开发、调研、联络、销售、定价和服务等都是核心营销活动。尽管人们通常认为市场营销是由卖方负责的，但实际上买方也在进行营销活动。当消费者寻找所需要并买得起的商品时，他们就在进行"市场营销"。而企业采购人员设法找到销售商并争取较好的交易条件之时，他们也在进行"市场营销"。

在通常情况下，市场营销包括为最终用户提供服务，同时还要面对竞争对手。企业及其竞争对手直接或通过营销中间商向消费者传送它们各自的产品和信息。系统中的所有成员都会受到主要环境力量（人口、经济、技术、政治、法律、社会、文化）的影响。系统中的每一方都为下一级增加价值。因此，企业的成功不仅取决于它自身的行为，而且还取决于整个系统对最终消费者需要的满足程度。

市场营销是个人和机构通过预测、刺激、提供方便，协调生产与消费，以满足顾客和社会公众对产品、服务及其他供应的需求的整体经济活动。就是研究如何适应买方的需求，如何组织整体营销活动，如何拓展销路，以达到自己的经营目标。即4P'S，产品、价格、渠道、促销。

产品策略（Product），主要是指企业以向目标市场提供各种适合消费者需求的有形和无形产品的方式来实现其营销目标。其中包括对同产品有关的品种、规格、式样、质量、包装、特色、商标、品牌以及各种服务措施等可控因素的组合和运用。

嘉年华两厢

嘉年华三厢

经典福克斯两厢

经典福克斯三厢

新福克斯两厢

新福克斯三厢

蒙迪欧致胜

麦柯斯

锐界

图 2-2 长安福特旗下车型

定价策略（Price），主要是指企业以按照市场规律制定价格和变动价格等方式来实现其营销目标，其中包括对同定价有关的基本价格、折扣价格、津贴、付款期限、商业信用以及各种定价方法和定价技巧等可控因素的组合和运用。

分销策略（Place），主要是指企业以合理地选择分销渠道和组织商品实体流通的方式来实现其营销目标，其中包括对同分销有关的渠道覆盖面、商品流转环节、中间商、网点设置以及储存运输等可控因素的组合和运用。

促销策略（Promote），主要是指企业以利用各种信息传播手段刺激消费者购买欲望，促进产品销售的方式来实现其营销目标，其中包括对同促销有关的广告、人员推销、营业推广、公共关系等可控因素的组合和运用。

二、市场营销的范围

从市场营销的概念中可知，市场营销是一项协调生产与满足消费者需求的经济活动。市场营销的范围包括下列八个不同方面：

1. 商品

有形商品是构成大多数国家市场营销总体的主要部分。例如生活用品：粮食、水果、副食、日用品、家用电器等；生产用品：水泥、钢材、机器设备等。

2. 服务

它是一种无形的产品。随着经济的发展，服务在市场营销中的比例越来越高。服务行业则包括航空、旅店、理发、美容、维修、餐饮、物流、咨询等。

3. 事件

利用事件的影响力或魅力来为机构树立声誉或推介产品。较常被利用来作营销的事件有奥林匹克世界运动大会、大型体育赛事、各种博览会、商展会、节日、专题社会公益活动等等。这些事件的主办单位，可就其操办事件的赞助权、参展权、专用产品冠名权、特殊标志使用权等，向社会招标拍卖，而获得相应的收入及财政支持。

4. 人物

这主要是指利用名人的效应进行营销活动。这种营销活动一个时期以来已变成一种重要行业，现在每个有影响的影视明星、体育明星都有经纪人、个人代理和处理公共关系的经办。通过明星的影响力创造了一种"形象文化"，于是各个企业不惜重金，精心挑选后隆重推出自己产品或品牌的形象代言人。此外，当前各种艺术家、音乐家、首席执行官、医生和金融家以及其他专家，都从名人营销者那里获得帮助，还包括向某些机构或工商企业出让自己的肖像权或冠名权。

5. 地点

地点用作营销，主要表现在各个城市、省区、地方以及整个国家采取各种宣传促销活动，积极争取、吸引国内外旅游者、投资者。近年来，国内外许多城市和地区的政府负责官员参与此种促销的风气也愈演愈烈，他们往往利用官方或非官方的访问或接待时机，极力推销自己的城市和地区。

6. 机构

机构作为营销范围并不是指把机构作为买卖的对象，而是指机构努力为自己在社会公众心目中树立强而有力的形象，积极对自己进行推销。最常见的是通过公司形象识别标志广告来争取更多公众的认同和支持。现在许多大学、博物馆、艺术表演团体都在积极拟定提高自身形象的计划，争取更成功地获得生源、观众及资助基金。

7. 信息

信息可以像产品一样出售。通过市场调查，通过对各种报刊、杂志资料的整理和分析得到的信息，向需要帮助的机构和个人有偿提供，例如市场调查公司、咨询公司、剪报公司采集提供信息。目前信息的生产、包装和分销已成为一种重要的社会行业。

8. 观念

一段时期以来，观念或点子营销已悄然兴起。这不仅包括有些个人和组织以付费的方式通过传媒或广告推销自己的观念、信仰、见解和主张，更多的还在于通过某种观念的传播而获得社会公众的认同和资金支持。

三、市场营销的核心概念

1. 需要、欲望和需求

人的需要和欲望是市场营销学的出发点。人们为维持生存，需要空气、水、食品、衣服和住所。除此而外，人们对精神生活，如娱乐、教育等有着强烈的欲望。

需要是指人们没有得到某些基本满足的感受状态。既包括物质的、生理的需要，也包括精神的、心理的需要，具有多元化、层次化、个性化、发展化的特性，营销者只能通过营销活动对人的需要施加影响和引导，而不能凭主观臆想加以创造。比如人们需要食物、衣着、住宅、安全等。

欲望是指想得到上述基本需要的具体满足品的愿望。一个人需要食品，想要得到一个面包；需要引人注意，想要得到一件名牌西装；需要娱乐，想到电影院去看一场电影。人的需要是有限的，而人的欲望是无限的，强烈的欲望能激励人的主动购买行为。我要穿法国 Chanel、Louis vuitton、意大利 D&G；吃满汉全席、法国大餐；住海景豪宅、乡村别墅；出行坐奔驰、开宝马。欲望受社会形态的制约、各种社会力量以及市场营销因素的影响。

需求是指人们对某个产品有购买欲望且有支付能力。也就是说，当有购买力支撑时，欲望就变成了需求。在这里，购买力是一个条件，我想买车，但买不起，这只是停留在欲望层面上，过了几年，有了积蓄，再去买车，这就成了市场中现实存在的潜在顾客，这也是市场概念的最基本组成部分。

营销并不创造需要，需要早就存在于营销活动出现之前。营销者，连同社会上的其他因素，只是影响了人们的欲望。他们向消费者建议，一辆轿车可以满足人们对社会地位和交通的需要，他们只是试图指出一个什么样的商品可以满足这方面的要求。营销者力图通过使商品富有吸引力、适应消费者的支付能力和容易得到来影响需要。

市场营销活动只能影响人们的欲望，不能影响需要和需求。

2. 八种需求的内容与任务

（1）负需求。指大多数人不喜欢，甚至花费一定代价也要拒绝或躲避消费某种产品。比如说：对于预防性注射、牙科手术等人们就有负需求。这种需求对于汽车营销不太常见。

（2）无需求。指目标市场对产品毫无兴趣或漠不关心。如对某些陌生的新产品，与消费者传统功能观念、习惯相抵触的产品，被认为无价值的废旧物品等都属于这种需求状况。在二手车交易不太普遍时，人们对二手车的需求常常表现为这种需求。面对无需求市场，营销管理的任务是设法把产品的好处和人们的需求、兴趣联系起来。

（3）潜在需求。指现有产品或劳务尚不能满足的、隐而不现的需求状况。比如：无害香烟、安全的邻居和大量节油的汽车等。我国的家庭轿车消费大多还处于这种需求状态。在潜在需求情况下，营销管理的任务就是致力于市场营销研究和新产品开发，有效地满足这些需求。

（4）下降需求。指市场对于一个或几个产品的需求呈下降趋势的情况。如我国市场对农用汽车、城市市场对摩托车的需求等都属于这种情况。营销管理者要分析需求衰退的原因，决定能否通过开辟新的目标市场、改变产品特色，或采用更有效的促销手段来重新刺激需求，扭转其下降的趋势。

（5）不规则需求。指市场对某些产品（服务）的需求在不同季节、不同日期，甚至一天的不同钟点呈现出很大波动的状况。受到偶然因素影响的需求大多表现为这种需求状态。例如：公交车的发车时间，随着早晚高峰的来临，要及时调整发车时间间隔。市场营销管理的任务就是通过灵活定价、大力促销及其他刺激手段来改变需求的时间模式，努力使供、需在时间上协调一致。

（6）充分需求。这是指某种产品或服务的需求水平和时间与预期相一致的需求状况。市场需求与市场供给大体均衡的市场表现为这种需求状态。这时，营销管理的任务是密切注视消费者偏好的变化和竞争状况，经常测量顾客满意程度，不断提高产品质量，设法保持现有的需求水平。

（7）过量需求。指某产品（服务）的市场需求超过企业所能供给或愿意供给水平的需求状况。这种需求形态在汽车营销中经常见到，譬如某种受市场追捧的汽车新品，在投放市场的一定时期内，可能表现为过量需求。在过量需求的情况下，营销管理的任务是实施"低营销"，即通过提高价格，合理分销产品，减少服务和促销等手段，暂时或永久地降低市场需求水平。

（8）有害需求。指市场对某些有害物品或服务的需求。市场对非正常渠道的需求，如对走私汽车的需求即为有害需求。对此类需求，营销管理的任务是"反市场营销"，宣传其危害性，劝说消费者放弃这种爱好和需求。

综上所述，八种需求的任务如表 2-2 所示。

表 2-2　八种需求的营销对策

负需求	改变	负需求	改变
无需求	刺激	充分需求	维持
潜在需求	开发	过量需求	限制
下降需求	重振	有害需求	抵制
不规则需求	协调		

3. 商品和服务

具有交换价值并能满足交换双方需要与欲望的所有东西，有形的称为商品，无形的称为服务。例如：传统意义上的彩电、汽车；纯粹的服务；知识、智慧、创造力；一个富有想象力和市场价值的创意；商誉、出售名牌的特许权。

商品是用于交换的产品。因此商品都是产品，而产品未必都是商品。产品包含商品，商品仅是产品的一个组成部分。例如，一个人自己编织了草帽，这就是一个完整的产品，但还不能算作是一个商品。只有当这个人把草帽拿到市场上去卖，去换取钱或者其他商品，这顶草帽才能成为商品。

在商品经济社会，人们靠商品来满足自己的各种需要和欲望。从广义上对商品（Goods）的定义是：任何能满足人类某种需要或欲望而进行交换的东西都是商品。商品这个概念通常使人想起一个事物，例如，汽车、电视机或一种饮料。一般用商品和服务这两个概念来区分实体商品和无形商品。但在考虑实体商品时，其重要性不仅在于拥有它们，更在于使用它们来满足我们的欲望。我们买自行车不是为了观赏，而是因为它可以提供一种被称为交通的服务。所以，商品实际上是向我们传送服务的工具。

相比之下，服务（service）是一种无形产品，例如，汽车4S店的整车销售、售后服务、零配件等；医院里的全身健康检查；幼儿园的儿童看护；技能的训练课程等。

4. 交易和关系

当人们决定以某种称之为交易的方式来满足需要和欲望时，就存在营销了。交易（Exchanges）是指人们通过提供或转移货物、服务或创意，以换取有价值的东西。

任何产品都能被包括在一个营销交易中，个人和组织都希望获得比自己生产成本更高的价值。交易能否真正产生，取决于买卖双方能否找到合适的交易条件，即交易以后双方都比交易以前好。这里，交易被描述成一个价值创造的过程。交易是由双方之间的价值交换所构成的。例如，购买者用2000元人民币从商店里买回了一部手机，这是一种典型的用货币交换实物的过程。

一个交易的发生必须满足四个条件。首先，两个或更多的人、团体或组织必须参与，每一方都必须拥有其他方想要获得的有价值的东西。其次，交易必须为交易双方提供利益或满足。第三，每一方都必须对其他方所承诺的"价值的东西"有信心。例如，你去参加音乐会，你一定会认为这是一场精彩的演出。最后，为了建立起信任，交易方必须满足双方的期望。

交易包括几个可以量度的实质内容：至少是提供有价值的事物，买卖双方所统一的条件、协议时间和协议地点等。在市场经济中，通常应建立一套法律制度来支持和强制交易双方执行。交易很容易因曲解协议条款或蓄意破坏协议而引起争执。所以，在交易过程中要签订交易合同，以便得到国家法律的保护。

营销的本质就是开发令人满意的交易，使顾客和营销者从中都能获益。顾客希望从营销交易中获得比他付出的成本更高的回报和利益。营销者希望得到相应的价值，通常是交换产品的价格。通过买者和卖者的相互关系，顾客有了对卖者未来行为的期望。为了达成这些期望，营销者必须按承诺的话来完成。

随着时间的推移，这种相互关系就成了双方之间的相互依靠。

所以，关系营销是以科学理论和方法为指导的新型营销观念，其产生是营销理论的又一个里程碑。企业与社会各部分有着密切联系，主要有五种基本关系：企业内部关系、企业与竞争者关系、企业与顾客关系、企业与供销者关系和企业与影响者关系。

汽车销售人员将来的客户发掘主要是依靠这种顾客关系进行转介绍来完成更多汽车产品的销售任务。所以，我们的指导思想也要从交易营销向关系营销转变。

它们之间的区别如表 2-3 所示。

表 2-3　交易营销与关系营销的区别

交易营销	关系营销
关注一次性交易	关注保持顾客
较少强调顾客服务	高度重视顾客服务
有限的顾客承诺	高度的顾客承诺
适度的顾客联系	高度的顾客联系
质量是生产部门所关心的	质量是所有部门所关心的

5. 市场

交易往往在市场上进行，交易的概念导出市场的概念。市场取决于那些表示有某种需要，并拥有使别人感兴趣的资源，而且愿意以这种资源来换取其需要的人组成。

市场是个有着多重含义的概念，具体包括：

（1）市场是商品交接的场所，亦即买主和卖主发生作用的地点或地区。在这里，市场是一个地理概念。

（2）市场是指某种或某类商品需求的总和。也就是说，市场是某一产品的所有现实买主和潜在买主所组成的群体。如：当有人说"大连的水果市场很大"时，是指大连对水果的需求量很大，现实的、潜在的买主很多。

（3）市场还指有价证券（特别是股票）的交易场所。

具体来说，对于一切既定的商品，现实市场包含三个要素：有某种需要的人、为满足这种需要有购买能力和购买愿望。即市场由消费者、购买力、购买愿望这三要素组成。其表达式如下：

$$市场＝消费者＋购买力＋购买愿望$$

市场的这三个要素是相互制约、缺一不可的，只有三者结合起来才能构成现实的市场，才能决定市场的规模和容量。

【本节小结】

我们今天介绍的关于营销的一些基本理论，不难看出，需要早就出现在营销活动之前。所以，营销者并不创造需求，只能通过一些因素影响人们的欲望，进而使产品更富有吸引力，符合消费者的购买能力。

随着市场营销观念的不断深入，企业的经营活动越来越体现出市场导向，以顾客需求为中心，同时不断提高顾客的主动性，因此使顾客被动接受产品的推销方法将越来越困难。

市场营销活动确切来讲由 10 个部分组成，简称 10P'S。它们是 Probing（市场调查）、Political Power（政治权力）、Public Relations（公共关系）、Partitioning（市场细分）、Prioritizing（目标市场选择）、Positioning（定位）、Product（产品）、Price（价格）、

Place（渠道）、Promotion（促销）。

市场营销、销售、推销、促销之间的关系。不难看出它们的关系是这样的：

（1）市场营销是以满足人们各种需要和欲望为目的，通过市场交换实现潜在需求的活动。它以消费者需求为出发点，通过满足消费者需求达到长期获利的目的；以发现和满足需求的竞争策略以及获取消费者信任、兼顾社会利益等营销策略影响消费者，侧重以实施整体营销方案，与消费者及有关方面建立良好关系来赢得消费者。

（2）销售是指把企业生产和经营的产品或服务出售给顾客的活动。

（3）市场营销不同于销售和推销，市场活动包括市场研究、产品开发、定价、广告、促销等，销售作为企业一项职能，是市场营销活动的一个组成部分，推销又只是销售的一种方法，促销的一种手段。

（4）促销，促进销售的简称，指企业以人员推销和非人力推销的方式，向目标顾客沟通市场信息，影响和帮助顾客认清购买某项产品或劳务所带来的益处，或者促使顾客对企业及其产品产生好感和信任从而引起顾客的兴趣，激发顾客的购买欲望和购买行为的活动。如表2-4所示。

表2-4 四种促销方式对比分析

促销方式	长　处	短　处
人员推销	方法灵活、利于深谈、易激发兴趣、促成当时交易	费用较大、影响面较窄、难以管理、难培养和寻找合适人才
广告	信息覆盖面大、易引起注意、可重复使用、信息可艺术化	说服力小、信息反馈慢不易调整、难以直接影响购买
营业推广	吸引力大、能一时改变顾客的购买习惯	易引起怀疑，自贬身份
公共关系	影响面大、易得到信任、效果持久	企业难以控制传播过程、见效较慢

第三节　市场营销战略

【学习目标】

◇ 了解市场营销战略的内涵。

【学习重点】

◇ 战略与战术的区别。

【学习难点】

◇ 密集增长战略、一体化战略、多样化战略的内容。

【课程导入】

我们介绍了市场营销的一些核心概念，最后让大家思考。

正所谓"火车跑得快，全凭车头带"，所有营销策略的实施都离不开企业的战略，只有搞清企业的发展目标，我们才能有的放矢，事半功倍。对市场的一些现象进行分析才能有理有据，才能更好地指导我们打好营销理论的基础，为汽车营销知识框架的建立添砖加瓦。

一、战略的基本内涵

战略（Strategy），军事战争用语。其含义是"将军指挥军队的艺术"。《辞海》中对"战略"一词的定义是："对战争全局的筹划和指挥。它是依据敌我双方的军事、政治、经济、地理等因素，照顾战争全局的各方面，规定军事力量的准备和运用"。借用美国陆军军事学院编著出版的《军事战略》（1983）中的战略定义，战略可以描述为：战略＝目的（追求的目标）＋途径（行动方案）＋手段（实现目标的方法和工具）。

随着人类社会的发展，"战略"一词逐渐被人们广泛接受并应用于军事以外的领域，诸如政治、经济、社会发展领域。在众多关于战略的定义中，借用明茨伯格（Mintzberg）提出的"5P"战略来说明：

战略是一种计划（Plan），它是将战略作为一种有意识的、预计的行动程序，一种处理某种局势的方针。所以它是企业活动之前制定的，且是有目的的开发和制定。如：某企业拟开发某种新产品、新技术、投入某种新设备。

战略是一种计谋（Ploy），它是将战略作为威胁和战胜竞争对手的一种具体手段。这种威胁通常是企业发出的一些"市场信号"所组成的。这些"信号"可能实施，更多的只是对竞争对手的一种恫吓手段。如：电视剧《大宅门》里，百草厅去安国庙会采购药材，起始放出一些"信息"要大量购买黄连，这时市场上涌现大量供应商。百草厅却不再问津黄连，而是抓市场上其他滞销的且又必须要买的药材，办得差不多的时候，再突然返回来采购黄连，这时的黄连由于大量涌进市场，已形成滞销之势，药商为了避免徒劳往返，只能低价出售，真是应了那句话"哑巴吃黄连，有苦说不出"。

战略是一种模式（Pattern），它是将战略作为某种具体的经营行为，不管事前是否对其有所考虑。钱德勒在其《战略与结构》一书中认为，战略是企业为了实现战略目标进行竞争而做出的重要决策、采取的途径和行动以实现目标对企业主要资源进行分配的一种模式。如：海尔物流创新战略确定了同步化模式的基本框架是国际物流中心和"一流三网"管理。

战略是一种定位（Position），它是将战略作为企业与环境之间的一种连接力量，使得企业的内部条件和外部的环境更加融合。即：企业在活动中既考虑与单个竞争对手面对面时处于何种位置，也考虑在若干竞争对手面前自己在市场上所处的位置，甚至企业可以在市场上确定一个特殊的地位，使得对手无法与之竞争。如：有的企业利用产品的特性定位；有的企业利用产品能给顾客提供的利益定位；有的企业利用产品质量和价格定位；有的则是利用企业的竞争地位定位。

战略是一种观念（Perspective），它是将战略作为一种抽象的概念。将企业经营者对客观世界的认识包括价值观、文化、理想等精神内容表现在企业经营的效果上。所以，作为一个经营者应具备大胆创新、承担风险、快速反应、善抓机遇的能力。既要高瞻远瞩又要密切关注企业目前的管理活动。如：内蒙古蒙牛乳业集团股份有限公司董事长兼总裁牛根生一直秉持着"小胜凭智，大胜靠德"的做人做事原则，因为"德"是制服人心的最佳利器，"想赢两三个回合，赢三年五年，有点智商就行；要想一辈子赢，没有'德'绝对不行。"体现出了现代成功经营者的更高精神追求和社会责任感。

战略与战术本质的区别是：战略针对全局，战术针对局部；战略针对长远，战术针对当前；战略比较原则，战术比较具体。营销、公关、价格、广告等只是企业竞争中的一种战术，而不是战略。企业战略是涉及企业中长期干什么、靠什么和怎么干等方面的问题；战术是战略在时间、空间上的分解。

企业管理中有直线管理任务和职能管理任务两种性质的工作。直线管理就是直接对业务的管理，我们也称之为"经营"，如公司老总、分公司总经理都承担着直线管理的职责。职能管理是辅助直线管理，保证业务目标实现的管理，如企业当中的人事管理、财务管理、市场营销管理等。一家大型公司中，可以划分为不同层次、不同性质的管理任务，每个层次、部门都对应着自己的。它们构成了整个企业的战略体系。如图2-3所示。

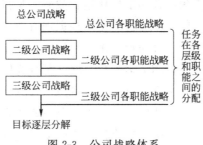

图2-3 公司战略体系

二、市场营销战略

它是公司战略的一个职能战略。根据公司战略的要求和规范，确定市场营销的目标，并通过市场营销目标的实现，支持和服务于公司战略。所以，它既是公司战略体系的核心，也引导其他职能战略。

市场营销战略主要包括增长战略和竞争战略。增长战略（如表2-5所示）主要包括密集增长战略、一体化战略和多样化战略；竞争战略主要包括全面领先战略、差别化战略和集中战略。

表2-5 增长战略

密集增长战略	一体化战略	多样化战略
市场渗透	后向一体化	相关多样化
市场开发	前向一体化	不相关多样化
产品开发	横向一体化	

1. 密集增长战略

就是在企业现有业务中寻找迅速提高销售额的发展机会的增长战略。它是一种在现有的业务领域内寻找未来发展的各种机会。企业的经营者在寻求新的发展机会时，首先应该考虑现有产品是否还能得到更多的市场份额，然后，应该考虑是否能为其现有产品开发一些新市场，最后，考虑是否能为其现有的市场开发若干有潜在利益的新产品。此外，还应考虑为新市场开发新产品的种种机会。

（1）市场渗透战略：企业设法在现有市场扩大现有产品的销量和市场份额。

有三种方法实现该战略：①鼓励顾客每一次更多地购买该产品；②设法吸引竞争者的顾客；③尝试说服那些现在不使用但可能会使用该产品的顾客。

（2）市场开发战略：企业用现有产品打入企业原未开发的新市场，实现销售增长。

有三种方法实现该战略：①设法发现当前销售区域中有哪些潜在顾客，可刺激他们对此产生兴趣；②在现有销售区域内寻找其他分销渠道；③可考虑向新地区甚至向国外销售。

（3）产品开发战略：通过产品开发更好的满足现有市场的需要，实现销售增长。

有三种方法实现该战略：①开发产品新的性能；②开发不同质量水平的产品；③研制更高技术的产品取代原有产品。

2. 多样化战略

也被称为多样化经营、多角经营和多样化增长战略，是指企业同时生产或提供两种以上基本用途不同的产品或劳务的一种经营战略。根据现有业务领域和新业务领域之间的关联程度，企业多元化战略的类型可分为相关多元化战略和不相关多元化战略。根据现有业务和新业务之间关联内容的不同，相关多元化战略又可分为同心多元化战略和水平多元化战略。同心多元化战略即企业利用原有的技术、特长、经验等开发新产品，增加产品种类，从同一圆心向外扩大业务经营范围。水平多元化战略指企业利用原有市场，采用不同的技术来开发新产品。不相关多元化战略也称为集团多元化战略，这种战略是实力雄厚的大企业集团采用的一种经营战略。

3. 一体化战略

它分为纵向一体化战略和横向一体化战略。纵向一体化战略也称垂直一体化战略，是指生产或经营过程相互衔接、紧密联系的企业之间实现一体化的战略形式。它包括前向一体化和后向一体化。前向一体化是指生产企业与用户企业之间的联合，目的是促进和控制产品的需求，搞好产品营销。后向一体化是指生产企业与供应企业之间的联合，目的是为了确保产品或服务所需的全部或部分原材料的供应，加强对所需原材料的质量控制。后向一体化是以企业初始生产经营的产品（业务）项目为基准，企业生产经营范围的扩展沿其生产经营链条向后延伸，发展企业原来生产经营业务的配套供应项目，即发展企业原有业务生产经营所需的原料、配件、能源及包装服务业务的生产经营。横向一体化也称为水平一体化，是指与处于相同行业、生产同类产品或工艺详尽的企业实现联合。

4. 竞争战略

在选定业务方向以后，还必须为每项业务开发竞争战略。简单地说，竞争战略就是如何取得竞争优势的战略途径。由哈佛大学教授迈克尔·波特撰写的两本著作《竞争战略》和《竞争优势》，在这两本书中，波特系统论述了竞争原由和分析方法，并提出了三种基本竞争战略。主要有：总成本领先战略、差别化战略和集中战略。

（1）总成本领先战略，就是通过对成本控制的不懈努力，使本企业的产品成本成为同行业中最低者。总成本领先战略并不是只顾成本，不及其余。总成本领先战略也是顾客导向的，侧重于通过降低顾客成本来提高顾客价值。

从行业分析模型来看，某行业内存在着激烈的竞争，但具有低成本的企业却可以获得高于行业平均水平的收益。它的低成本地位使其能够抗衡来自竞争对手的攻击，因为当其对手通过削价同它竞争时，它仍然能在较低的价格水平上获利，直到将对手逼至边际利润为零或为负数。当敌人弹粮殆尽之时，它就可以吹响全面横扫的冲锋号了。低成本就像一堵高墙，使潜在的加入者望而生畏，为之却步。

同样地，低成本可以强有力地抵御买方和供应方力量的威胁。买方和供应方的讨价还价能力使得行业内企业的利润减少，正如低成本企业可以抵御竞争对手的威胁一样，当由于行业内利润下降使得其他竞争对手都无利可图时，低成本企业仍然可以有相当的利润维持生存和发展。

最后，低成本也可以抵御来自替代品的威胁。人们购买替代品无非是看好替代品的性能或价格。替代品若是革命性的，那么整个行业被替代都在所难免，但若不是这样，而只是从价格上考虑，那么总成本领先的企业就可以在行业中生存到最后一个，而且还可以同替代品展开成本和价格上的竞争。

（2）差别化战略，是提高竞争力的另一种思想，是设法向顾客提供具有独特性的东西（包括产品、服务和企业形象），并且同其他竞争对手区分开来。

差别化的核心是向顾客提供独特价值，而这些独特价值的来源则存在于企业价值链的构成之中。然而，要提高差别化优势也要付出成本，因此权衡差别化所得与成本所失就成了差别化战略中的重要问题。

（3）集中战略，就是在细分市场的基础上，选择恰当的目标市场，倾其所能为目标市场服务。其核心是集中资源于目标市场，取得在局部区域上的竞争优势。至于目标市场的大小、范围，既取决于企业的资源，也取决于目标市场中各个方面内在联系的紧密程度。如产品的接近性、顾客的接近性、销售渠道的接近性和地理位置的接近性。

【本节小结】

市场营销是企业多种职能活动中间的一种，其介于企业与市场之间，主要是通过对市场的分析和研究，发现对企业经营发展有影响的各种变数，然后引导企业以市场为导向来开展其经营活动。

市场营销活动是在企业整体战略计划的指导下进行的。企业战略计划是由企业任务说明、企业目标描述、企业业务组合、业务战略计划的制定等一系列工作及其指导性文件所构成的。企业应在根据环境、资源和核心竞争能力来决定自身的任务和目标，并在此基础上形成适当的业务组合。

市场营销部门的演变，如图 2-4 所示。

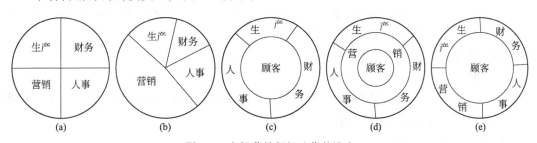

图 2-4 市场营销部门地位的演变

图（a）销售是平等的职能部门：营销部门与财务、人事、生产等其他部门处于同等地位。在营销战略规划中，各种职能的作用相等，平分秋色，没有主次之分。

图（b）营销是重要的职能部门：突出营销部门。营销虽然只是管理职能之一，但却是最重要的职能。

图（c）营销是主要职能部门：营销是核心部门。由营销部门规定企业任务，确定产品范围及目标市场。

图（d）以顾客为中心，营销为综合性职能部门：营销是综合部门。营销在管理中处于仅次于顾客的中心位置，营销部门一方面要努力吸引并保持顾客，另一方面还要向其他部门贯彻以顾客为中心的营销观念。

图（e）以顾客为中心的职能部门：顾客是中心，各部门地位平等。各个部门都应当贯彻以顾客为中心的经营思想，彼此平等地为顾客服务。

不难看出，市场营销职能部门的作用越来越重要。

第四节 市场营销理论的新发展

【学习目标】

◇ 熟悉营销理论的新发展。

【学习重点】

◇ 4C、4R、4S、4V 的内涵。

【学习难点】

◇ 4C、4R、4S、4V 的应用。

【课程导入】

市场营销学科诞生于 20 世纪 20 年代的美国，经历了萌芽期、成型期和成熟期。特别是 1960 年，麦卡锡和普利沃特合著的《基础市场营销》第一次将企业的营销要素归结四个基本策略的组合，即著名的 4P'S 理论（Product. Price. Place. Promotion），这一理论取代了此前的各种营销组合理论，成为现代市场营销学的基础理论；菲利普·科特勒于 1967 年出版了《营销管理——分析、计划与控制》一书。从企业管理和决策的角度，系统地提出了营销环境，市场机会，营销战略计划，购买行为分析，市场细分和目标市场以及营销策略组合等市场营销的完整理论体系，成为当代市场营销学的经典著作，使市场营销学理论趋于成熟。让我们记住最值得推崇的是杰罗姆·麦卡锡（Jerome Mecartry）和菲利浦·科特勒（Philip Kotler）。

那么现代营销理论又有什么新的发展呢？

一、4C 理论

4C 是美国营销大师劳特朋所创 4C 理论的简称，即：顾客的欲求与需要、顾客获取满足的成本、顾客购买、沟通的方便性。

1. 顾客（Customer）

零售企业直接面向顾客，因而更应该考虑顾客的需要和欲求，建立以顾客为中心的零售观念，将"以顾客为中心"作为主线，贯穿于市场营销活动的整个过程。

2. 成本（Cost）

顾客在购买某一商品时，除耗费一定的资金外，还要耗费一定的时间、精力和体力，这些构成了顾客总成本。所以，顾客总成本包括货币成本、时间成本、精神成本和体力成本等。由于顾客在购买商品时，总希望把有关成本包括货币、时间、精神和体力等降到最低限度，以使自己得到最大限度的满足，因此，零售企业必须考虑顾客为满足需求而愿意支付的"顾客总成本"。努力降低顾客购买的总成本，如降低商品进价成本和市场营销费用从而降低商品价格，以减少顾客的货币成本；努力提高工作效率，尽可能减少顾客的时间支出，节约顾客的购买时间；通过多种渠道向顾客提供详尽的信息、为顾客提供良好的售后服务，减少顾客精神和体力的耗费。

3. 方便（Convenient）

最大程度地便利消费者，是目前处于过度竞争状况的零售企业应该认真思考的问题。比如，零售企业在选择地理位置时，应考虑地点抉择等因素，尤其应考虑"消费者的易接近性"这一因素，使消费者容易达到商店。即使是远程的消费者，也能通过便利的交通接近商店。同时，在商店的设计和布局上要考虑方便消费者进出、上下，方便消费者参观、浏览、挑选，方便消费者付款结算等等。

4. 沟通（Communication）

企业为了创立竞争优势，必须不断地与消费者沟通。与消费者沟通包括向消费者提供有关商店地点、商品、服务、价格等方面的信息；影响消费者的态度与偏好，说服消费者光顾商店、购买商品；在消费者的心目中树立良好的企业形象。

这一营销理念也深刻地反映在企业营销活动中。在4C理念的指导下，越来越多的企业更加关注市场和消费者，与顾客建立一种更为密切的和动态的关系。1999年5月，大名鼎鼎的微软公司在其首席执行官巴尔默德主持下，也开始了一次全面的战略调整，使微软公司不再只跟着公司技术专家的指挥棒转，而是更加关注市场和客户的需求。我国的科龙、恒基伟业和联想等企业通过营销变革，实施以4C策略为理论基础的整合营销方式，成为了4C理论实践的先行者和受益者。家电行业中，"价格为王"、"成本为师"都是业内的共识，以前都是生产厂家掌握定价权，企业的定价权完全是从企业的利润率出发，没有真正从消费者的"成本观"出发，这就是为什么高端彩电普及不快的原因。而现在消费者考虑价格的前提就是自己的"花多少钱买这个产品才值"。于是作为销售终端的苏宁电器专门有人研究消费者的购物"成本"，以此来要求厂家"定价"，这种按照消费者的"成本观"来对厂商制定价格要求的做法就是对追求顾客满意的4C理论的实践。

但从企业的实际应用和市场发展趋势看，4C理论依然存在不足。首先，4C理论以消费者为导向，着重寻找消费者需求，满足消费者需求，而市场经济还存在竞争导向，企业不仅要看到需求，而且还需要更多地注意到竞争对手。冷静分析自身在竞争中的优、劣势并采取相应的策略，才能在激烈的市场竞争中站于不败之地。其次，在4C理论的引导下，企业往往失之于被动适应顾客的需求，失去了自己的方向，为被动地满足消费者需求付出更大的成本，如何将消费者需求与企业长期获得利润结合起来是4C理论有待解决的问题。

因此市场的发展及其对4P和4C的回应，需要企业从更高层次建立与顾客之间的更有效的长期关系。于是出现了4R营销理论，不仅仅停留在满足市场需求和追求顾客满意，而是以建立顾客忠诚为最高目标，对4P和4C理论进行了进一步的发展与补充。

二、4R 理论

4R 营销理论是由美国整合营销传播理论的鼻祖唐·舒尔茨（Don E. Schuhz）在 4C 营销理论的基础上提出的新营销理论。4R 分别指代 Relevance（关联）、Reaction（反应）、Relationship（关系）和 Reward（回报）。该营销理论认为，随着市场的发展，企业需要从更高层次上以更有效的方式在企业与顾客之间建立起有别于传统的新型的主动性关系。针对 4P、4C、4R 理论的对比分析详见表 2-6。

表 2-6 P、C、R 营销组合分析表

营销工具	4P 组合	4C 组合	4R 组合
营销理念	生产者导向	消费者导向	竞争者导向
营销模式	推动型	拉动型	供应链
满足需求	相同或相近需求	个性化需求	感觉需求
营销方式	规模营销	差异化营销	整合营销
营销目标	满足现实的、具有相同或相近顾客需求，并获得目标利润最大化	满足现实和潜在的个性化需求，培养顾客忠诚度	适应需求变化，并创造需求，追求各方互惠关系最大化
顾客沟通	"一对多"单向沟通	"一对一"双向沟通	"一对一"双向或多向沟通或合作投资
成本和时间	短期低，长期高	短期较低，长期较高	短期高，长期低

1. 紧密联系顾客

企业必须通过某些有效的方式在业务、需求等方面与顾客建立关联，形成一种互助、互求、互需的关系，把顾客与企业联系在一起，减少顾客的流失，以此来提高顾客的忠诚度，赢得长期而稳定的市场。

2. 提高对市场的反应速度

多数公司倾向于说给顾客听，却往往忽略了倾听的重要性。在相互渗透、相互影响的市场中，对企业来说最现实的问题不在于如何制定、实施计划和控制，而在于如何及时地倾听顾客的希望、渴望和需求，并及时做出反应来满足顾客的需求。这样才利于市场的发展。

3. 重视与顾客的互动关系

4R 营销理论认为，如今抢占市场的关键已转变为与顾客建立长期而稳固的关系，把交易转变成一种责任，建立起和顾客的互动关系。而沟通是建立这种互动关系的重要手段。

4. 回报是营销的源泉

由于营销目标必须注重产出，注重企业在营销活动中的回报，所以企业要满足客户需求，为客户提供价值，不能做无用的事情。一方面，回报是维持市场关系的必要条件；另一方面，追求回报是营销发展的动力，营销的最终价值在于其是否给企业带来短期或长期的收入能力。

三、4S 理论

4S 理论强调从消费者需求出发，针对消费者的满意程度对产品、服务、品牌不断进行改进，进而使消费者达到对企业产品一种忠诚，它主要是指满意（Satisfaction）、服务（Service）、速度（Speed）和诚意（Sincerity）。

1. 满意

是指的顾客满意，强调企业要以顾客需求为导向，以顾客满意为中心，企业要站在顾客立场上考虑和解决问题，要把顾客的需要和满意放在一切考虑因素之首。

2. 服务

包括几个方面的内容，首先精通业务工作的企业营销人员要为顾客提供尽可能多的商品信息，经常与顾客联络，询问他们的要求；其次要对顾客态度亲切友善，用体贴入微的服务来感动用户；再次要将每位顾客都视为特殊和重要的人物，也就是那句顾客是上帝；另外在每次服务结束后要邀请每一位顾客下次再度光临，作为企业，要以最好的服务、优质的产品、适中的价格来吸引顾客多次光临；最后要为顾客营造一个温馨的服务环境，这要求企业对文化建设加大力度；当然在整个服务过程中最重要的是服务人员用眼神表达对顾客的关心，用眼睛去观察，用头脑去分析，真正做到对顾客体贴入微的服务。

3. 速度

指不让顾客久等，而能迅速地接待、办理，有最快的速度才能迎来最多的顾客。

4. 诚意

指要以他人利益为重的真诚来服务客人。要想赢得顾客的人，必先投之以情，用真情服务感化顾客，以有情服务赢得无情的竞争。

四、4V 理论

以提高企业核心竞争力的 4V 理论：在新经济时代，培育、保持和提高核心竞争能力是企业经营管理活动的中心，也成为企业市场营销活动的着眼点。4V 理论正是在这种需求下应运而生的。4V 是指差异化（Variation）、功能化（Versatility）、附加价值（Value）和共鸣（Vibration）。

1. 差异化

所追求的"差异"是在产品功能、质量、服务和营销等多方面的不可替代性，因此也可以分为产品差异化、市场差异化和形象差异化 3 个方面。

2. 功能化

指以产品的核心功能为基础，提供不同功能组合的系列化产品供给，以满足不同客户的消费习惯和经济承受能力。其关键是要形成产品核心功能的超强生产能力，同时兼顾延伸功能与附加功能的发展需要，以功能组合的独特性来博取细分客户群的青睐。

3. 附加价值

指除去产品本身，包括品牌、文化、技术、营销和服务等因素所形成的价值。

4. 共鸣

指企业为客户持续的提供具有最大价值创新的产品和服务，使客户能够更多地体验到产品和服务的实际价值效用，最终在企业和客户之间产生利益与情感关联。共鸣强调的是企业的创新能力与客户所重视的价值联系起来，将营销理念直接定位于包括使用价值、服务价值、人文价值和形象价值等在内的客户整体价值最大化。

4S、4V 营销理论在我国企业的运用，使企业由"顾客导向（CI）"到"顾客满意

（CS）"再到"顾客忠诚（CL）"的"3C"实践转变中得到印证。

五、营销理论的应用性分析

就经济发展状况而言，经济萧条时更适用 4P、4C；经济繁荣时则更适用 4R、4V。

就市场竞争激烈程度而言，竞争越激烈，就越要偏向于考虑 4R、4V 的运用。

就企业的规模而言，规模较小的企业应更偏向于 4P、4C，而大型企业则应偏向于 4R、4V 的考虑。

就企业发展过程而言，企业创业初期，应更注重基础理论 4P、4C 的运用，随着企业的发展壮大，逐步考虑 4R、4V。

就产品生命周期而言，在产品投入期、成长期和衰退期应更注重 4P、4C，在产品成熟期则应着重考虑 4R、4V。

由此可见，我们汽车行业的营销重视品牌，4R 理论应用比较多。

为了方便大家熟记营销理论的发展，请参照表 2-7。

表 2-7　营销组合论的演变

消费需求	简单需求→相同需求→个性化需求→感觉化需求
营销导向	生产导向→市场导向→顾客导向→竞争导向
宣传重点	忽视宣传→产品知识→企业形象→合作双赢
理论基础	生产理论→产品策略→传播与沟通→关系营销
营销方式	忽视营销→规模营销→差异营销→整合营销
营销组合	没有组合→4P→4C→4R

【本节小结】

市场营销的各种理论模式经历了数十年的发展和丰富，形成了把 4P 经典理论看作为基础的，形式多样、不断丰富的综合体系。不管是 4P、4C 还是 4R 理论，都是从实践中被人们发现，并总结发展出一系列科学的营销理论，来指导后人进行营销实践。信息化和全球化的影响、企业竞争规则的转变、消费理念与消费习惯的变化，都激发了营销的新思想和新理论，未来必然还会涌现更多的创新营销理念和实践方案，来共同补充、完善和发展市场营销理论，并为不同企业的营销经理们在制定和创新各种营销策略时提供丰富的新思路，新亮点。

第五节　案例探讨

【学习目标】

◇ 能运用现代营销理论分析企业的营销活动；

◇ 正确树立现代营销理念。

【学习重点】

◇ 公众表达能力的训练。

【学习难点】

　　◇ 营销基础理论的应用。

【课程导入】

　　案例分析法中的案例是在实际企业管理过程中发生的事实材料，这些事实材料由环境、条件、人员、时间、数据等要素所构成，把这些事实材料加工成供课堂教学和学生分析讨论所用的书面文字材料，就成为了教学案例。它是为了某种既定教学目的、围绕一定的管理问题而对某一真实的管理情景所作的客观描述或介绍。案例教学既是对管理问题进行研究的一种手段，也是现代管理教育的一种方法，目前国内外已经有广泛的研究和运用。

　　一、请你用课题一所学营销基础知识分析以下案例，并说明给你的启示。

卖给和尚的 1000 把梳子

　　某跨国公司欲高薪招聘营销员，广告一出，应聘者云集。面对数百名应聘者，人事经理说："相马不如赛马，这次不需交材料和面试，你们每人从这领走 10 把木梳向寺庙和尚去推销，七天后来公司说明效果。"多数人一听这事荒唐根本不可能，于是纷纷离走。最后只剩甲、乙、丙三人，并拿走木梳去推销。日期到，经理问甲："卖出几把"？答："一把"。"怎么卖的？"甲述说了历尽千辛万苦，饱受众僧追骂责打后，在下山途中见一小和尚晒着太阳，使劲挠又脏又厚的头皮，他灵机一动，递上梳子，小和尚一使管用，于是买下了。经理又问乙卖了多少，乙回答 10 把，并告之他到一座高山古寺，由于山高风大，烧香者头发都被吹乱，于是找到寺院住持，说蓬头垢面是对佛的不敬，应在香案前放把木梳，供善男信女们梳理鬓发，住持采纳了他的建议。此山共有庙 10 座，于是卖出 10 把。经理又问丙："你卖多少？"答："1000 把"。众人大惊："怎么卖的？"丙说他来到一深山古刹，朝圣者如织、香火极旺。丙对住持说，凡进香朝拜者都有一颗虔诚之心，宝刹应有所回赠，我卖您木梳可作为赠品最好，一来香客可把吹乱的头发梳理整齐再拜佛是恭敬，二来住持您书法文笔好，写上"积善梳"，既宣了积善这一精神，又宣扬了您和古刹的知名度，香客天天用木梳也给人家留下美好的回忆，这样不光朝圣者，中外游客也会络绎不绝。旅游业发达了，你寺庙的收入也将大增。住持大喜，不仅厚待了丙，而且先买下 1000 把梳子，现货 10 把，交订金签合同进 990 把，并打算过 1 个月以后用光再订购。

沉锚效应

　　有两家卖粥的小店，左边这个和右边那个每天的顾客相差不多，来者是川流不息。然而，晚上结算的时候，左边这个总是比右边那个多出百十来元。天天如此。

　　走进右边那个粥店时，服务员微笑着迎上去，盛了一碗粥。问道："加不加鸡蛋？"客人说加。于是服务员就给客人加了一个鸡蛋。顾客里面有说加的，也有说不加的，大概各占一半。

　　走进左边的那个小店，服务员也是微笑着迎上前，盛上一碗粥。问道："加一个鸡蛋还是两个鸡蛋？"客人笑着说："加一个。"再进来一个顾客，服务小姐又问一句："加一个还是加两个鸡蛋？"爱吃鸡蛋的就说加两个，不爱吃的就说加一个。也有要求不加的，但是很少。

一天下来，左边这个小店就要比右边那个卖出很多个鸡蛋。

别忘多说一句话

有两个卖豆腐的，老王和老李，两个人年龄差不多，吆喝的腔调一样，都是尾部带着悠长的余韵，但两人的生意却不一样，老王的生意比老李的好得多。开始时大家都觉得奇怪，一样白嫩的豆腐，都是给很足的秤，这是为什么呢？

后来，人们逐渐发现了其中的奥秘。原来，同样是卖豆腐，老王比老李多说一句话。比如张大妈去买豆腐，老王会边称豆腐边问："身体还好吧？"如果跑运输的赵师傅去买，老王会说："活儿多吧？"话语里透着理解的关心。时间久了，大家都把老王当成了朋友，即使不需要豆腐，听到他的吆喝，也要买一点放在冰箱里，就为了听一句充满温馨的问候。老李后来因生意清淡，无奈只好改行了。

没有鞋子的岛国

有一家鞋业制造公司派出了两个业务员去开拓市场，我们姑且称之为甲和乙。他们都是满怀信心，希望能够开创一个良好的市场局面。

一天，他们来到了南太平洋的一个岛国，这是一个很少与外界接触的地方，而且他们惊奇地发现，在这个岛国里竟然没有一个人穿鞋！从国王到贫民、从村姑到贵妇，竟然无人穿鞋子。

甲说："上帝啊，这里竟然没有一个人穿鞋子，他们根本没有穿鞋子的习惯，我们还如何把鞋子推销给他们呢？这里根本就没有市场，我们明天就回去吧！"

乙说："太好了！这里人都不穿鞋子，这是一个多么大的市场啊！我不但不会回去，还要把家搬来，在这里长期住下去！"

于是，甲离开了，而乙则留了下来。

一年之后，岛国上的居民都穿上了鞋子……

农夫买小马

有一位农夫想要为他的小女儿买一匹小马。在他居住的小城里，共有两匹马出售，从各方面来看，这两匹小马都一样。

第一个商人告诉农夫，他的小马售价为500美元，想要的话可以立即牵走。第二个商人则为他的小马索价750美元。

但第二个商人告诉农夫，在农夫做任何决定前，他可以让农夫的女儿先试骑一个月。他除了将小马带到农夫家外，还自备小马一个月所需的草料，并且派出他自己的驯马师，一周一次，到农夫家去教小女儿如何喂养及照顾小马。他告诉农夫，小马十分温驯，但最好让农夫的小女儿每天都能骑着小马，让他们相互熟悉。小马也是有感情的。最后他说，在第30天结束时，他会到农夫家，或是将小马取回，将马房清扫干净；或是他们付750美元，将小马留下。最后的结果是，农夫的小女儿舍不得那匹小马啦！

两个报童

有一个报童在一个小镇上卖报纸，他很勤奋，叫喊的嗓门也很大，往往能得到一些收入。然而，有一天，又有一个报童来到这个镇上，两个人成了竞争对手。

第一个报童更加勤劳地去卖报，嗓门也提得更高了，可是他的报纸销量却明显地减少了很多。反而是第二个报童后来者居上，卖的报纸越来越多。

原来，第二个报童非常聪明，他不仅将眼光定位在沿街叫卖上，还更多地跑茶楼、酒店、茶场，去了之后，就将报纸先给读者，等到这些地方都跑完了，他再转回头来收钱，时间长了，大家也都习惯了这种买报纸的形式，也没有人会赖账。这样一来，他节省了大量时间，将最佳的销售时间占用了，等到第一个报童送报的时候，大家手上早已有了报纸了。所以，第一个报童的报纸越卖越少，一个月之后，便坚持不下去，只好另寻别的职业去做了。

国王和画家

一个国王听说有一个画家擅长水彩画，有一天他专程去拜访那位画家。

"请你为我画一只孔雀。"国王要求说。

一年后，他再次登门拜访画家。

"我订购的水彩画在哪儿？我曾经要你为我画一只孔雀。"

"你的孔雀就要画好了。"画家说。

他拿出了画纸，不一会儿工夫就画了一只非常美丽鲜艳的孔雀。国王觉得很满意，但是价钱却使他吃惊："就那么一会儿工夫，你看来毫不费力、轻而易举地就画成了，竟要这么高的价钱？"国王问。

于是画家领着国王走遍了他的房子，每个房间都放着一堆画着孔雀的画纸。画家说："这个价钱是十分公道的，你看起来不费力、似乎很简单的事情，却是花费了我很多的时间和精力，为了在这一会儿时间为你画这只孔雀，我可是用了一整年的时间准备哩！"

袋鼠与笼子

一天，动物园管理员发现袋鼠从笼子里跑出来了，于是开会讨论，一致认为是笼子的高度过低。所以他们决定将笼子的高度由原来的 10 米加高到 20 米。

结果，第二天他们发现袋鼠还是跑到外面来，所以他们又决定再将高度加高到 30 米。

没想到，隔天他们居然又看到袋鼠全跑到外面来了，于是管理员们更为紧张，决定一不做二不休，将笼子的高度加高到 100 米。

某日，长颈鹿和几只袋鼠们在闲聊，"你们看，这些人会不会再继续加高你们的笼子？"长颈鹿问。

袋鼠说："很难说，如果他们继续忘记关门的话！"

二、案例分析

永远追求品质第一的"劳斯莱斯"

（一）案例介绍

"劳斯莱斯"牌汽车是世界上公认的最优良汽车，是名牌汽车王国里的皇冠。它不仅是财富的象征，更是社会地位的标志。

1. "劳斯莱斯"的来历

"劳斯莱斯"牌汽车问世是在 1904 年。

它的创造者是英国的一位名叫亨利·劳斯的男子。劳斯是一家小电机厂的工人；因为家里穷，没有上多少学。但他很聪明，自修电气学、机械学方面的知识。虽然他是工人，实际却具有技师的能力。他立志要通过自己的双手，制造出世界上最漂亮的汽车来。于是他买了一部七拼八凑的旧车，白天在车间上班，制造电气起重机、电动机等，晚上回到家里就着魔似的摆弄他的旧车，竭尽全力的去改良每一个零部件。到 1904 年他 22 岁时候，终于改造出了一部他比较满意的车。

这时，伦敦的一位有贵族头衔的进口汽车的商人，名叫查尔斯·S·莱斯。有一天，莱斯看到劳斯改造的车，非常欣赏，认为它是世界上性能最好的车。莱斯就提出愿与劳斯合作，成立一家公司，生产这种车。劳斯的车子同福特汽车公司在 1903 年生产的车子比较，远远胜过后者。劳斯的车没有什么噪声，行驶起来很平稳，而且跑得快。莱斯看准了这一点才提出合作的。

新车生产出来以后，他们二人给车起了个名，就叫"劳斯莱斯"，以纪念他们的友谊。然而不幸的是，莱斯在 1910 年因飞机失事而身亡。但车名仍叫"劳斯莱斯"，一直沿袭至今。

2. 永远追求品质第一

有人说，劳斯是个技术狂，一点不假。他制作每一部车时简直是如同创造一件美术品。即使是小到一颗螺丝，他一般也不采用那种全自动化生产的方式，而要经过他的精雕细刻。

对于车身底盘、引擎，他可以根据订货人的爱好，选择制造方式。订货单定下来以后，就交给车间工人具体负责。到 1930 年，劳斯莱斯公司才建立起了一个车身制造车间，到 1945 年，才开始实行整车的流水生产过程。

这种车被世界上公认为是最优良的汽车。可以说，没有人怀疑这一点。

生产出来的每一部"劳斯莱斯"，出厂之前都必须经过五千英里路程的测试。五十多年前生产的汽车，直到现在性能也没有降低。

每一部"劳斯莱斯"都是经过精雕细刻的艺术品。它不计工本不计时效，务要尽善尽美。一般的汽车公司，如吉姆汽车在 1963 年一年就生产 83 万台，日本丰田一年生产 1 万台。而"劳斯莱斯"从 1904～1963 年，在六十年时间里才生产了 4 万台。

每一部生产出来的"劳斯莱斯"，都是坚固、耐用、无故障，人们几乎听不到噪声，觉不出晃动。在第一次世界大战后，经过评比和对该车各种性能的严格审查，"劳斯莱斯"获得"世界第一"的光荣称号。

在英国皇家汽车俱乐部监督下的苏格兰汽车性能评审会上，经过伦敦到格拉斯哥之间 1.5 万英里的路程测试以后，"劳斯莱斯"以领先 3 天的时间获胜。经过评审，它的零件损耗费仅为 3.70 英镑，轮胎磨损及汽油的消耗费大约平均为一英里四便士。

无数次的比赛，它都夺冠。它的名声早在一战之前就响彻世界各国。自从它的出世，汽车过去的噪声大，故障多，维修难等旧观念，被一扫而光了。

如今的"劳斯莱斯"，无论哪一车种，在以每小时一百公里的速度行驶时，放在水箱上的银币可以长时间不被颤动下来。坐在车子里，听不到马达声，只听到车内钟表上的分针、秒针的轻微移动声。其精益求精可见一斑。

能生产出这么高精尖的汽车是与劳斯在技术上的刻意追求分不开的。"劳斯莱斯"的座右铭就是："永远保持崭新的技术"；"生产精良精美汽车的传统，不论经过多少年都要保持下去。"

一辆"劳斯莱斯"生产出来后，还要经过长时间的试车。一般的车在生产出来后，离开生长线，开出厂门，就可交货。即使凯迪拉克这种高档车只不过测试四小时。而"劳斯莱斯"每副产品车，调试、试车要经过十四天时间，他们说，卖出每一部车，就是代表公司的名誉与威信，绝不马虎。

有一次，一对美国夫妇驾着一辆"劳斯莱斯"到欧洲旅行。汽车跑到法国一个村落时，后轴忽然折断。

这里离"劳斯莱斯"代销店有数百公里，这两个美国人就直接通过电话与"劳斯莱斯"伦敦总部联系，并倾吐了满肚子的牢骚。

不到两三个小时，只见从天空中飞来一架直升机，降落在这辆车的旁边。"劳斯莱斯"公司派专人带着后轴乘飞机来给他们赶修。工人把车子修复得跟新车一模一样，并反复赔礼道歉，然后再返回工厂。几个月后，这对美国夫妇到达伦敦，要求交付修理费，公司负责人坚决拒收，说："我们公司的车轴折断，还是创业以来的第一次。我们以不发生故障为荣，既然发生了这次事故，我们不但不能收费，还要给你们换上一根永远不会折断的车轴。"

由于"劳斯莱斯"刻意追求世界第一流高级豪华车，车的价值昂贵得惊人，因而营业额减少，利润下降。1902年、1963年是最困难的时期。美国普林斯顿大学艺术系教授亚恩·巴拉鲁斯基说："劳斯莱斯"因其零件是手工精雕细刻生产出来的，成本必然高；它采用的设备最先进，刻意于创造"世界第一优秀车"，这种车的高价，简直吓坏了英国平民。

1962年，"劳斯莱斯"销售量无法扩大，利润不高，有停产的危险。眼看着生产世界第一流汽车的厂家要倒闭，有一位颇有远见的众议员哈契森在议会上慷慨陈词："'劳斯莱斯'的破产，等于是英国的名誉受到污辱，威信扫地。"因而英国政府出面扶持，使该厂平安度过了这次难关。

（二）思考·讨论·训练

1. "劳斯莱斯"主要满足哪些消费者群体？

2. 从本案例可以看出"劳斯莱斯"奉行怎样的营销观念？这种营销观念具有怎样的影响？

3. 为了保持"劳斯莱斯"持续增长的市场份额，企业还应从哪些方面着手？

成功推出"野马"汽车的福特公司

（一）案例介绍

福特汽车公司是世界上最大的汽车企业之一，由亨利福特先生创立于1903年，福特汽车公司始终坚持"消费者作为工作的中心"的经营理念，提供比竞争对手更好的产品和服务，并致力于成为全球领先的以消费者为导向的公司。2000年，福特汽车在世界各地已经拥有35万名员工，在30多个国家设有福特汽车制造装备企业，共同创造了1700亿美元的营业总收入，向6大洲、200多个国家共销售各种轿车、卡车和商用车740万辆。

福特汽车公司旗下拥有众多汽车知名品牌：福特（Ford）、林肯（Linclin）、水星（Mercury）。这些都是人们耳熟能详的品牌，这些汽车品牌自身也和公司的名称一样蕴含着巨大的无形的价值。以"福特"品牌为例，根据国际著名品牌咨询公司Interbrand的调查，品牌价值为 364 亿美元，位居汽车品牌价值榜首，名列全球所有品牌第七，1999 年，《财富》杂志将亨利福特评为"20 世纪商业巨人"，表彰他和福特汽车公司对人类工业发展所作出的杰出贡献。福特汽车公司推出过很多经典的车型，而在营销上最为成功的是"野马"。

"野马"汽车是福特汽车公司在 1964 年推出的新产品，在当时购买野马车的人打破了美国历史的记录，在不到一年的时间里，野马汽车风靡整个美国，取得了轰动一时的成功，在投产后不到两年，便生产出第 100 万辆"野马"汽车，两年内为福特公司创造了 11 亿美元的纯利润。"野马"汽车受到市场如此青睐是与当时加盟福特公司的著名营销大师李·艾柯卡周密独到的营销策划密不可分的。艾柯卡曾经说过："天下没有倒闭的企业，只有经营不善的企业"，"野马"的巨大的成功不仅验证了他的这句话，瞩目的销售业绩也为他赢得了"野马之父"的称号。

1962 年，艾柯卡就任福特公司的分部总经理，开始策划生产一种受欢迎的新型汽车，在前期的市场调查上，艾柯卡就做好预备功课，调查范围遍及了美国及欧洲，找出现有的车型上的不足并加以改进。在当时的情况是，美国年纪比较大的买主，已经不再满足于经济实惠的车型，而是追求式样新颖的豪华车，而第二次世界大战（以下简称"二战"）后的生育高峰时期出生的小孩已经长大，在 20 世纪 60 年代，美国 20～24 岁的人增至总人口的 50% 以上，年轻人向来是汽车消费的主要力量，因此在新车型的设计上就要体现新颖，性能好，车不能太重，而最重要的是价钱要吸引人。因此在新车问世前，艾柯卡邀请底特律地区的 54 对夫妇到汽车厂做客，并请他们对新车发表意见。他们中既有收入颇高的，也有中下水平收入的。当 54 对夫妇对新车发表感想后，负责策划的人员发现白领阶层的夫妇非常满意野马，而蓝领工人则认为新车虽好，但买不起。于是，艾柯卡请他们估计新车价，大部分人均认为至少要一万美元。当艾柯卡告诉他们，野马的实际售价为 2500 美元时，大家都惊呆了，他们根本没想到令人如此心仪的车，竟会如此便宜。

在早期设计阶段，新车被命名为猎鹰，后来又有人想叫它美洲豹、雷鸟Ⅱ型等，艾柯卡认为均不理想，于是委托广告代理人去底特律公共图书馆去查阅，从 A 到 Z 列出成千动物，最后筛选出一个——"野马"，由于美国人对二战中野马式战斗机的名字印象极为深刻，用"野马"作为新型车的名字，适合美国人放荡不羁的个性，既能使消费者立即联想到汽车的速度和性能，也有"海阔任鱼跃，天高任鸟飞"的味道，艾柯卡对消费者需求的精准理解，对"野马"车的准确定位，使"野马"一上市就受到人们的热切追捧，成为市场的香饽饽，将竞争对手远远抛在了身后。

"野马"车在推出的整个过程，艾柯卡在每个环节上都下足工夫。在分阶段营销上，艾柯卡更是全情投入，创意不断，福特汽车公司，为了使新车"野马"一上市，便获得较高的市场认知度，细致周密地设计了一套宣传策划方案，6 个步骤的营销活动使得野马车的知名度在短短的时间里迅速提升：

（1）邀请各大报纸的编辑到迪尔伯恩，并给每人一辆野马车，组织他们参加从纽约到迪尔伯恩的野马车大赛，同时邀请 100 新闻记者亲临现场采访。从表面看，这是一次赛车活动，实际上是一次告知性的广告宣传。此项活动一经展开，便引起了许多新闻媒体的广泛关注，并纷纷报道野马车大赛近况，从而大大提高了该车的知名度和透明度。

（2）野马车上市的第一天，在全美2600家报纸上，用整版刊登了野马车奔驰的图片，并且在数家电台做广告，广告使用了所谓的"蒙娜丽莎"的手法：一副朴素的白色"野马"在奔驰的画面，注上一行简单的字："真想不到"，副题是：售价2368美元。由于公关经理的努力，新车照片同时出现在《时代》和《新闻周刊》封面上，关于这两大杂志的惊人宣传效果，艾柯卡后来回忆说：《时代》和《新闻周刊》本身就使我们多卖出10万辆！此举大大地提高了该产品的知名度和透明度。

（3）自野马车上市开始，各大电视台每天不断播放野马车广告。广告内容是：一个渴望成为赛车手的年轻人，正驾驶着一辆华贵、时尚、动感十足的野马车在飞驰。选择电视做宣传，旨在扩大广告宣传的覆盖面，进一步提高产品的知名度。

（4）在最显眼的停车场，竖起巨幅路牌广告，上书："野马车"，已引起消费者的注意，扩大野马的曝光率。

（5）在美国各地最繁忙的15个机场和200家度假饭店展览野马车，以实物广告形式，激发人们的购买欲。

（6）同时，福特公司向全国的小汽车用户直接散发儿百万封推销信，既达到了促销的目的，也表示了公司对顾客的一片诚挚爱心和为顾客服务的态度和决心。此外，公司大量上市"野马"墨镜、钥匙链、帽子、"野马"玩具车，甚至在面包铺的橱窗里贴上广告："我们的烤饼像'野马'一样快。"

从产品的目标市场的定位到产品自身的设计，从"野马"这个名称的选取，到最后的促销环节的别出心裁上，"野马"车做得丝丝入扣，在铺天盖地、排山倒海的宣传攻势后，仅一周内，野马车便享誉全美，风行一时了。

在"野马"车上市的第一天，就有大量的人涌到福特经销店购车，原计划销售指标为年销售量达到7500辆，后剧增至20万辆。年终结算统计时发现，"野马"车在一年内竟销售36万辆，创纯利11亿美元。1964年的圣诞节期间，美国因"野马"而如痴如狂的家长们还给孩子们买了93000辆"野马"脚踏童车。最让福特激动不已的是那些急切地领取自己的头一份驾照的人们，他们希望自己的车与众不同，"野马"可以满足这一要求。"野马"车营销的规模和声势已经成为营销的经典案例，时至今日，仍有一大批的"野马"迷们对此津津乐道，并且专门地成立俱乐部，相互交流"野马"车的性能和各自与"野马"车相关的逸事，到1966年3月"野马"车售出了100万辆。

第一辆"野马"车注册的车主名叫斯坦利塔克，是一位19岁就开始在天上飞的客机飞行员，经销店老板帕森原本不想卖塔克想买的这辆"野马"车，想把车多留在店里一段时间做广告用。但他在看到这辆"野马"的第二天，就带着支票来了，帕森只好将这部第一辆"野马"卖给了塔克机长。对于塔克买下"野马"后最初几年的情况，"野马"月刊中曾引述过这样一句话："很长时间在纽芬兰只有我这一辆'野马'，真是让人春风得意。人们好几次将我逼到路旁，问这问那，如这辆车是什么牌子，哪儿出的，性能怎么样，价钱多少等。拥有和驾驶这部汽车给我带来了无穷的乐趣。进入车里有进入驾驶舱的感觉，我觉得和开飞机差不多。"

（二）思考·讨论·训练

1. "野马"车的推出运用了哪些市场营销策略？

2. 如果分析"野马"车配件的市场情况，你认为应考虑哪些因素？如何分析这些因素对顾客的影响？

【本节小结】

营销案例是根据真实的市场营销事例编写成的，它体现了企业营销工作的发展过程，是能够引起研究者思考与判断、引起企业营销人员参考与借鉴的一种实证性材料。营销是一门应用性很强的学科，对营销案例的分析与研究在学科体系中占有重要的位置。

思考与练习

1. 长安福特旗下都有什么品牌车型，你喜欢哪一款，为什么？

2. 彼得·德鲁克曾指出："市场营销的目的就是使推销成为不必要。"请针对这一观点简要分析市场营销、销售、推销之间的关系。

3. 如何认识市场营销部门和市场营销活动在企业中的地位和作用？

4. 大家思考一下我们如何学习汽车营销这门课。

● 课题三
购车行为分析

第一节　市场营销环境

【学习目标】

　　◇ 了解企业与营销环境之间的关系。

【学习重点】

　　◇ 熟悉宏观营销环境、微观营销环境的内容。

【学习难点】

　　◇ 能够针对具体企业进行市场营销环境分析。

【课程导入】

　　孙子曰:"知己知彼,百战不殆;不知彼而知己,一胜一负;不知彼不知己,每战必殆。"表明战争的成败与对内外环境的认识密切相关。

　　营销活动中,环境因素既是不可控制的,又是不可超越的,企业必须根据环境的实际与发展趋势,自觉地利用市场机会,防范可能出现的威胁,扬长避短,在激烈的市场竞争中求得生存和发展。任何企业的营销活动都不可能脱离周围环境而孤立地进行。环境是企业不可控制的因素,但企业可以认识和预测环境因素,主动地适应和利用环境,重视研究市场营销环境及其变化,努力去影响外部环境,使其朝着有利于企业生存的方向发展。

　　营销环境是指直接或间接影响组织营销投入产出活动的外部力量,是企业营销职能外部的不可控制的因素和力量。如经济、政治、法律、技术、文化、竞争者、消费者和原料提供商等。

　　根据影响力的范围和作用方式,营销环境可以分为宏观营销环境(或宏观环境)和微观营销环境(或微观环境)。微观环境指与企业紧密相连,直接影响企业营销能力的各种参与者,包括企业本身、市场营销渠道企业、消费者、竞争者以及社会公众。微观环境直接影响与制约企业的营销活动,多半与企业具有或多或少的经济联系,也称直接营销环境,又称作业环境。宏观环境指影响微观环境的一系列巨大的社会力量,主要是人口、经济、政治法律、科学技术、社会文化及自然生态等因素。宏观环境被称作间接营销环境。宏观环境一般以微观环境为媒介去影响和制约企业的营销活动,在特定条件下,也可直接影响企业的营销活动。宏观环境因素与微观环境因素共同构成多因素、多层次、多变的企业市场营销环境的综合体。营销环境具有客观性、差异性、相关性、不可控性、动态性等特点。

一、汽车营销环境的特点

汽车营销环境是汽车企业营销活动的基础和条件，具有如下一些特点：

1. 客观性

汽车市场营销环境是制约汽车企业营销活动的客观存在的因素，它是不以企业的主观意志为转移的。如消费者消费收入、消费结构的变化等是客观存在的经济环境变化，在一定程度上影响了汽车消费，这些变化不是汽车企业可以主导的。

2. 差异性

汽车市场营销环境的差异性不仅表现在不同企业受不同环境的影响，而且同样一种环境因素的变化对不同汽车企业的影响也不同。因此，汽车企业为适应营销环境的变化所采取的营销策略也各不相同。例如，汽油价格的上升对于生产大排量的汽车企业而言是不利的因素，而对于生产经济型、小排量的汽车企业而言又是个机会。

3. 相关性

汽车市场营销环境不是由某一个单一的因素决定的，还要受到一系列相关因素的影响。例如，汽车销售不但受汽车市场供求关系的影响，还要受到国家关于汽车相关政策等的影响。

4. 不可控性

汽车营销环境的客观性决定了它的不可控性，即汽车市场营销环境是企业不可能控制的。汽车企业主要是通过市场调查的方法来认识市场营销环境变化的趋势及对企业经营的影响，然后调整企业内部营销力量，适应汽车市场营销环境的变化。

5. 动态性

汽车市场营销环境是不断发生变化的。目前，汽车市场营销环境的变化速度在不断加快，每一个汽车企业作为一个小系统都与市场营销环境这个大系统处在动态的平衡中。一旦环境发生变化，平衡便被打破，汽车企业就必须积极地适应这种变化。

企业对营销环境的影响主要表现在两方面：

首先，营销环境虽然有不可控性，企业仍可借助科学的营销研究手段认识并预测环境的变化趋势，及时地调整营销计划。例如，目前许多企业意识到消费者对自身健康和社会环境的关注将对市场需求产生深远影响，纷纷开发绿色产品，力争在市场竞争中获得先机。

其次，企业可以通过各种宣传手段，如广告、公共关系等，来创造需求、引导需求，促使某些环境因素向有利的方向发展变化。在现实生活中，绝大多数的消费流行或时尚潮流都是由企业所创造出来的。牛仔服刚进入我国市场时，被人们视为"异物"，与游手好闲、不三不四的形象联系在一起。是服装企业通过一系列的营销努力，使牛仔服成为广大消费者喜爱的一大服饰种类。而一句"温饱以后要健身"的广告揭开了健身器材热销的序幕，企业正是通过引导生活水平有了提高的人们追求健康美丽，来创造对自己产品的需求。

从企业的营销实践来看，企业对环境的反作用既受企业实力影响，也与环境因素本身有关。一般说来，企业对直接环境的影响比对间接环境的影响更容易做到。这显然是因为企业与其直接环境因素联系得更紧密，互相作用更直接。比如，供应商是企业的直接环境因素之一，但同时企业又是供应商的客户，企业可利用商务谈判、长期订单等方法影响或改善与供应商的关系，获得一定的优惠条件。又如，企业无法控制人口规模，但可以通过营销宣传影响特定顾客群的态度，刺激他们的购买欲望；无法控制人均收入，但可以通过分期付款等方式加快潜在需求向现实需求的转化。

二、宏观市场营销环境

1. 人口环境

人口是构成市场的第一位要素。所谓人口环境是指目标市场在人口方面的各种状况。这些不同的状况必然影响到目标市场购买者的消费需求及其购买行为。人口环境对市场营销的影响往往是整体性和长远性的，特别是对人们所需求的生活必需品方面的影响十分巨大，因此，进行市场营销的企业必须十分重视对人口环境的研究。市场是由有购买欲望同时又有支付能力的人构成，人口的多少直接决定着市场的规模，因此，企业必须十分重视人口环境研究。

（1）人口总量。一个国家或地区的总人口数量，是衡量市场潜在容量的重要因素。目前，世界人口环境正在发生明显的变化，主要趋势是全球人口持续增长，人口增长首先意味着人民生活必需品的需求增加；发达国家人口出生率下降，而发展中国家出生率上升，90％的新增人口在发展中国家，使得这些国家人均所得的增加以及需求层次的升级受到影响。

（2）人口年龄结构。人口年龄结构是指人口总数中各年龄层次的比例构成。它主要在以下方面影响市场营销活动：第一，不同年龄层次的购买者的收入状况不同；第二，不同年龄层次的购买者家庭的大小不同，其购买力的主要投向不同；第三，不同年龄层次的购买者对商品价值观念的不同影响着其购买行为。人口老龄化是当今世界的发展趋势。随着老年人口的绝对数和相对数的增加，银发市场需要会迅速增加，这样给经营老年人用品的行业提供了市场机会。另外，出生率下降引起了市场需求变化。发达国家人口出生率下降，这种人口动向对经营儿童食品、儿童用品等行业是一种威胁，同时，许多年轻夫妇有更多闲暇和收入用于旅游、休闲和娱乐，促进了第三产业的发展。

（3）家庭组成。家庭是社会的细胞，也是商品采购和消费的基本单位，因而有些商品特别是以家庭为单位进行消费的商品的购买行为受家庭状况的影响比较大，如住房、家用电器等。与家庭组成相关的是家庭人数，而家庭平均成员的多少又决定了家庭单位数，即家庭户数的多少。一个市场拥有家庭单位和家庭平均成员的多少以及家庭组成状况等，对市场消费需求的潜量和需求结构，都有十分重要的影响。随着计划生育、晚婚晚育的倡导和实施，职业妇女的增多，单亲家庭和独身者的涌现，家庭消费需求的变化甚大。

（4）人口地理分布。人口的地理分布是指人口居住地区上的疏密状况，它对市场营销的影响主要表现在两个方面：第一，不同地区的人由于消费习惯和消费支出的结构不同，对商品的基本需求就不同。人口处在不同的地区，其消费需求千差万别。俗话说："十里不同风，百里不同俗。"居住在不同地区的人群，由于地理环境、气候条件、自然资源、风俗习惯的不同，消费需求的内容和数量存在较大的差别。第二，城乡居民由于生活环境的差异其对商品的需求也不同，如针对同一个商品，他们对其在档次、花色、品种、功能的各个方面都有不同的评价。

（5）人口性别结构。男性和女性由于生活和工作的特点不同，以及自身的生理、心理等方面的差别，导致男性和女性对于商品的需求以及购买行为都有很明显的差别。受传统思想的影响，男主外、女主内，购买家庭日常用品者多为家庭主妇，购买家庭耐用的大件商品如家用电器等则多为男性购买者。

（6）人口流动状况。我国是一个人口大国。由于地区经济发展的不平衡，社会的进步、科学技术水平的提高产生了大量农村剩余劳动力和城镇剩余劳动力，这些劳动力对就业机会的寻找客观上要求有充分的流动性。另外，随着我国城镇化建设速度的加快，劳动者为了实现自身价值的需要，只有让劳动者自由流动，才能让劳动者找到充分实现自身作用的位置，满足劳动者收回投资和致富的需求。

（7）地区间人口的流动性。在市场经济条件下，会出现地区间人口的大量流动，对营销者来说，这意味着一个流动的大市场。而人口流动的总趋势是，人口从农村流向城市、从城市流向市郊、从非发达地区流向发达地区、从一般地区流向开发地区。企业营销者应及时注意人口流动的客观规律，适时采取相应的对策。

（8）其他因素，包括人口的出生率、增长率、职业、籍贯、民族等，都对市场营销产生很大影响。

2. 政治法律因素

政治法律环境是强制和约束企业市场营销活动的各种社会力量的总和。一家企业总是在一定的政治法律环境下进行市场营销活动的，政治法律环境的变化对企业的经营活动有着十分重大而深远的影响，尤其是进行国际市场营销的企业更要十分注重目标市场的政治法律环境。因而，企业在分析市场营销环境时，必须把对政治法律环境的分析放在十分重要的地位。一般而论，政治法律环境包括一个国家的政治形势、经济政策、贸易立法和消费者权益保护组织等。

（1）政治环境。政治环境指企业营销时所处的国内政体稳定与否的状况以及国际政治气候等。在某一时期，各国政局的差异会导致该国对内、对外一系列经济政策的相应变化，进而影响着企业的市场营销活动。在西方发达国家，大型财团往往关注着何人、何党派上台执政，政治权利的争夺有时夹杂着激烈的经济竞争。在国内，安定团结的政治局面，不仅有利于经济发展和人民收入的增加，而且影响群众心理状况，导致市场需求的变化。党和政府的方针、政策，规定了国民经济的发展方向和速度，也直接关系到社会购买力的提高和市场消费需求的增长变化，而且政治形式的变化，往往引起产业结构的变化和某些实力财团之间的力量对比的变化。因此，企业必须研究目标市场的政治环境，以避免政治上的风险，减少经济损失，甚至可以利用政治环境的变化，创造良好的市场机会。对国家政治环境的分析，应了解"政治权力"与政治冲突对企业营销活动的影响。政治权力影响市场营销，往往表现为由政府机构通过采取某种措施约束外来企业，如进口限制、外汇控制、劳工限制、绿色壁垒等。政治冲突指国际上的重大事件与突发性事件，如"9·11"事件、美伊战争等，对企业市场营销工作影响或大或小，有威胁，也有机会。

(2) 法律环境。法律环境指国家或地方政府颁布的各项法律、法令和条例等。各国由于社会制度不同，经济发展阶段和国情不同，体现统治阶级意志的法制也不同。为保证本国经济的良好运行。各国政府都颁布有相应的经济法律来制约、维护、调节企业的活动。从事国际贸易活动的企业，必须对贸易国家或地区的相关法律和法规、国际惯例和准则进行学习研究，并在实践中遵循，以保护自身合法权利。近些年来，我国颁布了许多经济法规，有保护市场公平竞争的法律，有保护消费者利益的法律，有保护社会长远利益的法律，如消费者权益保护法、价格法、广告法、专利法、计量法、知识产权保护法和反不正当竞争法等。

企业的市场营销决策在很大程度上受政治环境的影响。法律是充分体现政治统治的强有力形式，政府部门利用立法及各种法规表现自己的意志，对企业的行为予以控制。我国政治法律环境自改革开放以来有明显改善，这里重点介绍几个和汽车相关的政策：

① 《汽车产业发展政策》

2004年6月1日，国家正式颁布实施了《汽车产业发展政策》。这是中国汽车产业最重要的一部政策措施。确定了汽车工业在国民经济中的支柱产业地位。

新的《汽车产业发展政策》取代了1994年颁发的《汽车工业产业政策》，在进一步明确了汽车工业的支柱产业地位的同时，鼓励发展经济型汽车、节能型汽车、新型能源汽车，对依赖散件组装方式生产汽车进行限制，对进口散件组装车构成整车按整车纳税，提高新建汽车生产企业的标准，对汽车生产企业技术开发能力和营销服务水平提出新的要求，对企业新产品技术来源进行相应的审查，鼓励企业技术进步、节能降耗并实施可持续发展的战略等。保护消费者的合法的权益不受侵害。我国对消费者利益的保护立法非常重视，推出了从规定产品的品质、技术标准，到免受不法经营者欺骗等等的一系列保障措施。保护社会利益，防止环境污染。随着社会对可持续发展观的进一步认同，企业的经营活动越来越不可回避其应有的社会责任。

② 《汽车品牌销售管理实施办法》

2005年2月27日国家颁发了《汽车品牌销售管理实施办法》，对汽车销售渠道进行了规范化管理。

③ 《二手车流通管理办法》

《二手车流通管理办法》，已由商务部、公安部、工商总局、税务总局联合发布，于2005年10月1日起正式实施。

④ 《汽车产品外部标识管理办法》

《汽车产品外部标识管理办法》已由国家发改委于2005年11月3日发布，从2006年2月开始实施。

《汽车产品外部标识管理办法》规定所有境内生产并在国内销售的汽车生产企业必须用中文标出名称。国产乘用车、商用车、挂车在车身尾部显著位置或在保险杠之上的后部车身位置，应标注汽车生产企业名称、商品商标、车型名称等；汽车生产企业的合资各方，如将各自的中文汉字名称的简称或商标进行组合标注的，可不再标注生产企业名称。

同时，《汽车产品外部标识管理办法》还对标识高度、材料作出了明确规定，并且在乘用车、商用车车身的前部和尾部标识中，汽车生产企业名称、商品名称、车型名称等应能永久保持，不得采用油漆喷涂方式和不干胶粘贴方式。

⑤《汽车金融机构管理办法》

2003年11月12日，国家开始实施《汽车金融机构管理办法》。《汽车金融机构管理办法》对汽车金融机构的业务与资质做了明确规定，申请开办汽车金融机构的公司设定了"高门槛"——总资产不低于80亿元人民币；累计投资额不得超过净资产的50%；连续3年盈利；其中，非金融机构年末净资产不低于全部资产的30%；金融机构资本充足率不低于10%。

⑥《汽车贷款管理办法》

《汽车贷款管理办法》由中国人民银行和中国银行业监督管理委员会审议通过，自2004年10月1日起施行。

《汽车贷款管理办法》对原有的汽车贷款管理办法进行了一定的修改。主要表现在：

• 贷款人向借款人发放的用于购买汽车（含二手车）的贷款，包括个人汽车贷款、经销商汽车贷款和机构汽车贷款。

• 汽车贷款的贷款期限（含展期）不得超过5年，其中，二手车贷款的贷款期限（含展期）不得超过3年，经销商汽车贷款的贷款期限不得超过1年。

• 首付款比例确定方式发生了变化。新的《汽车贷款管理办法》指出，发放自用车、商用车和二手车贷款的金额分别不得超过借款人所购汽车价格的80%、70%或50%。这里所说的首付款比例是最低限。在实际操作中，为有效防范贷款风险，银行不仅可以提高首付款比例，还可以要求借款人投保"车贷险"，即汽车贷款保证保险。

• 贷款人发放汽车贷款，应要求借款人提供所购汽车抵押或其他有效担保。

3. 经济环境

经济环境一般指影响企业市场营销方式与规模的经济因素，如经济发展阶段、地区与行业的经济发展状况、社会购买力水平等。市场规模的大小不仅取决于人口的多少，另一个重要的方面，还要取决于社会购买力的大小。因此应当密切注意购买力的增减变动所带来的环境机会和环境威胁。社会购买力是一系列经济因素的函数，总的说来，社会购买力取决于国民经济的发展水平以及由此决定的国民平均收入的水平。而整个社会购买力则直接或间接地受消费者收入、价格水平、消费者支出状况、储蓄和消费信贷等经济的影响。

经济环境对于企业来说，是诸多影响因素中最关键、最基本的因素。经济环境主要指构成企业生存和发展的社会经济状况及国家的经济政策，包括：社会经济结构、经济体制、宏观经济发展水平、宏观经济政策等要素。其中影响最大的是宏观经济的发展状况和政府所采取的宏观经济政策。衡量宏观经济发展的指标有国民收入，国民生产总值及其变化情况，以及通过这些指标能够反映的国民经济发展水平和发展速度。而社会购买力正是以上一些经济因素的函数。所以，企业必须密切注意其经济环境的动向，尤其要着重分析社会购买力及其支出结构的变化，敏感于促成其变化的各种因素。

(1) 消费者收入水平

消费者的收入是消费者购买能力的源泉，包括消费者个人工资、奖金、津贴、股息、租金和红利等一切货币收入。消费者收入水平的高低制约了消费者支出的多少和支出模式的不同，从而影响了市场规模的大小和不同产品或服务市场的需求状况。

对消费者收入的分析绝非简单问题，必须准确理解一系列相关概念。首先，个人可支配收入和个人可任意支配的收入是一对重要概念。个人可支配收入指在个人总收入中扣除税金后，消费者真正可用于消费的部分，它是影响消费者购买力水平和消费支出结构的决定性因素。个人可任意支配收入是在个人可支配收入中减去消费者用于购买食品、支付房租及其他必需品的固定支出所剩下的那部分收入，一般还要扣除稳定的储蓄。非必需品的消费主要受它的限制。

个人可任意支配收入＝个人全部收入－税费－固定开支－储蓄＋手存现金

在这两种收入中，由于国家税收政策的稳定性，个人可支配收入变化趋势缓慢，而个人可随意支配收入变化较大，而且在商品消费中的投向不固定，成为市场供应者竞争的主要目标。

另一对重要概念是货币收入和实际收入。它们的区别在于后者通过了物价因素的修正，而前者没有。货币收入只是一种名义收入，并不代表消费者可购买到的实际商品的价值。所以，货币收入的上涨并不意味着社会实际的购买力提高，而货币收入的不变也不一定就是社会购买力的不波动。唯有考虑了物价因素的实际收入才反映实际社会购买力水平和变化。假设消费者货币收入不变，但物价下跌，消费者的实际收入上升、购买能力有提高；相反，如果物价上涨，消费者的实际收入下降、购买能力降低。即使货币收入随着物价上涨而增长，如果通货膨胀率大于货币收入增长率，消费者的实际收入仍会减少，社会购买力下降。

另外，消费者的储蓄额占总收入的比重和可获得的消费信贷也影响实际购买力。一般说来，储蓄意味着推迟了的购买力，储蓄额越大，当期购买力越低，而对以后的市场供给造成压力，有人以"笼子里的老虎"形象地比喻它对未来市场的冲击。与储蓄相反，消费信贷是一种预支的消费能力，它使消费者能够凭信用取得商品使用权在先，按期归还贷款在后。消费信贷有短期赊销、分期付款和信用卡信贷等多种形式。发达的商业信贷使消费者将以后的消费提前了，所谓"寅吃卯粮"，对当前社会购买是一种刺激和扩大。目前，消费信贷广泛流行于西方国家汽车市场，在国内也处于上升阶段。

（2）消费者支出模式

消费者支出模式指消费者各种消费支出的比例关系，也就是常说的消费结构。社会经济的发展、产业结构的转变和收入水平的变化等因素直接影响了社会消费支出模式，而消费者个人收入则是单个消费者或家庭消费结构的决定性因素。对这个问题的分析要涉及"恩格尔定律"。德国经济学家和统计学家恩斯特·恩格尔（Ernest Engel）1857 年在对英国、法国、德国、比利时不同收入家庭的调查基础上，发现了关于家庭收入变化与各种支出之间比例关系的规律性，提出了著名的恩格尔定律并得到其追随者的不断补充修正。目前该定律已成为分析消费结构的重要工具。该定律指出：随着家庭收入增加，用于购买食品的支出占家庭收入的比重就会下降；用于住房和家庭日常开支的费用比例保持不变；而用于服装、娱乐、保健和教育等其他方面及储蓄的支出比重会上升。其中，食品支出占家庭收入的比重被称作恩格尔系数。恩格尔系数是衡量一个国家、一个地区、一个城市、一个家庭的生活水平高低的标准。恩格尔系数越小，表明生活越富裕，越大则生活水平越低。企业从恩格尔系数可以了解市场的消费水平和变化趋势。

注重研究消费者支出模式的变动趋势，对于汽车营销来说具有一定的意义。

4. 自然环境

企业营销的自然环境，是指影响企业生产和经营的物质因素，如企业生产需要的物质资料、生产过程中对自然环境的影响等。自然环境的发展变化会给企业造成一些"环境威胁"和"市场机会"，所以，企业营销活动不可忽视自然环境的影响作用。分析研究自然环境的内容主要有两个方面：一是自然资源的拥有状况及其开发利用，二是环境污染与生态平衡。

(1) 自然资源的拥有及其开发利用。地球上的自然资源有三大类：第一类是"取之不尽，用之不竭"的资源，如阳光、空气等。第二类是"有限但可更新的资源"，如森林、粮食等。第三类是"有限又不能更新的资源"，如石油、煤、铀、锡、锌等矿产资源。目前第一类资源面临被污染的问题。第二类资源由于生产的有限性和生产周期长，再加上因森林乱砍滥伐，导致生态失衡、水土流失、灾害频繁，影响其正常供给，有的国家需大量进口。企业应尽可能通过建立原料基地或调节原料储存的方式来减轻不利影响。第三类资源都是初级产品，且政府对其价格、产量、使用状况控制较严。对市场营销来说，面临两种选择：一是科学开采，综合利用，减少浪费；二是开发新的替代资源，如太阳能、核能。

(2) 环境污染与生态平衡。工业污染日益成为全球性的严重问题，要求控制污染的呼声越来越高。这对那些污染控制不力的企业是一种压力，应采取有效措施治理污染；另一方面，又给某些企业或行业创造了新的机会，如研究开发不污染环境的包装、妥善处理污染物的技术等。由于生态平衡被破坏，国家立法部门、社会组织等提出了"保护大自然"的口号。一些绿色产品被开发出来，营销学界也提出了"绿色营销"的观念。企业的营销活动必须考虑生态平衡要求，以此来确定自己的营销方向及营销策略。

5. 科技环境

科学技术是指与企业生产经营活动相关的科学技术要素的总和，它既包括导致社会巨大发展的、革命性的行业技术进步，也包括与企业生产直接相关的新技术、新工艺、新材料的发明应用程度和发展趋势，还包括国家和社会的科技体制、科技政策和科技水平。所以在企业的发展过程中，技术动因是一种不可忽视的因素。对于我国企业而言，在开发利用技术方面存在两个缺陷：一是投入经费过低；二是技术或产品开发成功运用到商业化的比例很低，技术转化为生产力的效率很低。技术开发同时也是一个战略问题，是当代企业最主要的职能之一，在一定程度上影响着企业战略的方向和生存能力。

一般来说，技术环境对汽车市场营销的影响主要表现在以下几个方面。

(1) 科学技术对汽车性能的影响

进入 20 世纪以后，科学技术的发展对汽车性能的改进起到了巨大的推动作用，从而不断地提高了汽车的安全性、舒适性、操控性，最大限度地满足了汽车消费者的要求，推动了汽车的消费。这些技术主要表现在汽车导航系统的运用；汽车电子技术的飞速发展，其运用领域包括自动变速系统、无级变速系统、雷达测距系统、指纹防盗系统等；汽车安全系统的升级，如 ABS、EBD、ESP、安全气囊的运用，提高了汽车的安全性；电脑技术在汽车上的广泛运用，使汽车的发展进入了新的里程碑。

（2）科学技术对汽车材料的影响

传统的汽车材料多用钢材，而现在和未来的汽车将会更多地采用塑料、橡胶、玻璃、陶瓷等材料或者合成材料（如铝镁合金、铝碳合金、碳素纤维等）制成，以达到重量轻、耐磨损、抗撞击、寿命长、故障少、成本低的特点。目前，这种"非钢化"的趋势不但越来越明显，而且出现了越来越强的势头，它将对汽车工业的发展带来新的活力。

（3）科学技术对汽车销售的影响。

传统的汽车销售是从直接销售开始的。先是产销合一，再是店铺直销。直接销售渠道虽然越来越接近消费者，但是，随着生产规模和销售任务的日益扩大，间接渠道的销售方法还是浮出了水面，经过销售商和代理商来销售汽车，起到了广泛的分销作用，目前，4S 店的销售方式成为了汽车销售的主要方式。随着网络技术的发展，Internet 的普及，网络营销又将成为汽车销售的新途径。

6. 社会文化环境

社会文化是人类在创造物质财富过程中所积累的精神财富的总和。它体现着一个国家或地区的社会文明程度。对汽车产品来讲，社会文化的影响尤显突出。就汽车而言，虽然它只是一种具体的文化形态。但是，在它身上所展现出来的整体文化积淀，往往比其他产品更为强烈，具有鲜明的个性特征。美国人的奔放、日本人的精细、欧洲人的贵族遗风和中国人对权威的崇拜等，都会在消费的汽车产品上有所体现。

汽车不仅是一种代步工具，更是一种生活方式。汽车的使用者除了收入高以外，在文化层次上也比其他消费品的使用者相对高一些，在文化休闲方面的追求也会更多一些。因此，开展一些有品味、有趣味的文化活动，不仅可以起到促销的效果，更能让用户和潜在用户获得独特的文化附加值，起到"润物细无声"的品牌推广效果。当汽车品质日渐趋同时，汽车品牌背后的文化竞争将成为另外一场激烈的角逐。例如，通用汽车的赛欧以流行文化吸引年轻一族，别克君威坚持传统文化品味，等等。另一方面，由于我国各地区之间在收入、文化、消费习惯等方面存在巨大差别，以前可选择的车型少，不同地区的消费者购车行为存在"趋同效应"，但现在他们对车型的喜好、对价格的敏感度、对品牌的认知度都出现了分化。汽车消费文化的区域化特征，给汽车厂家的市场研究工作提出了更高的要求。

汽车文化是一面镜子，它可以忠实地反映一个国家的特性和整个社会的变迁。事实也的确如此，德国车的严谨、法国车的浪漫和人性化、英国车的高贵、日本车的精明，这些不同车系所具有的特殊文化气质在消费者心中早已形成了鲜明的差异化形象和产品定位。可以说，汽车文化的内涵对消费者的影响力度，在一定程度上要比厂商研发新车型的力度大得多。汽车文化是精神方面的积累，是大家共同遵循的精神概念；反映的是汽车生活的变迁，是汽车生活最新的动态。也就是说，汽车文化会影响人们的生活方式，从而导致很多生活形态的多元化，最终影响我们的消费行为。汽车杂志火过文学期刊，是汽车文化的又一特征。在大大小小的报亭，各类汽车杂志声势浩大，俨然成了大众读物中的一类新宠：《汽车杂志》、《汽车之友》、《车迷》、《车王》、《车世纪》、《汽车导报》、《中国汽车画报》、《汽车商情周刊》……涵盖了从汽车技术到艺术设计、社会文化的各个层面。

社会文化环境因素主要通过影响消费者的思想和行为，间接地影响企业的营销活动。市场营销对文化的研究一般从以下几方面入手：教育情况、语言文字、宗教信仰、价值观念、风俗习惯、审美观念等。

(1) 教育情况。教育是按照一定的目的和要求，对受教育者施以影响的一种有计划的活动，是传授生产经验和生活经验的必要手段，反应并影响着一定的社会生产力、生产关系和经济状况，是影响企业市场营销活动的重要因素。处于不同教育水平的国家和地区的消费者，对商品有着不同的需求，而且对商品的整体认识存在很大的差异。如商品包装、商品的附加利益等。企业的商品目录、产品说明书的设计要考虑目标市场的受教育情况，是采用文字说明，还是文字加图形来说明，这都要根据消费者的文化来作相应调整。教育水平对市场营销的促销方式也有很大的影响。教育程度比较低的地区，产品的宣传工作，尽量少用报纸、杂志做广告，而采用电视机、收音机、展销会等形式。要考虑不同文化层次的消费者接近媒体的习惯。

(2) 语言文字。语言文字是人类表达思想的工具，也是最重要的交际工具，它是文化的核心组成部分之一。不同的国家、不同的民族往往都有自己独特的语言文字，即使语言文字相同，也可能表达和交流的方式不同。语言的差异代表着文化的差异，语言文字的不同对企业的营销活动有着巨大的影响，一些企业由于其产品与产品销售地区的语言等相悖，给企业带来巨大损失。因此，语言文字的差异对企业的营销活动有很重大的影响，企业在开展市场营销尤其是国际市场营销时，应尽量了解市场国的文化背景，掌握其语言文字的差异，这样才能使营销活动顺利进行。

(3) 宗教信仰。宗教是历史的产物，是构成文化因素的重要方面。不同的宗教信仰有不同的文化倾向和戒律，从而影响人们认识事物的方式、价值观念和行为准则，影响人们的消费行为，带来特殊的市场需求，与企业的营销活动有密切的关系，特别是在一些信奉宗教的国家和地区，宗教信仰对市场营销的影响力更大。据统计，世界上信仰宗教的人约占总人口的60％，其中，基督教教徒有10多亿人，伊斯兰教教徒有8亿人，印度教教徒有6亿人，佛教教徒有2.8亿人。宗教不一样，信仰和禁忌也不一样。这些信仰和禁忌限制了教徒的消费行为。某些国家和地区的宗教组织在教徒的购买决策中有重大影响。一种新产品出现，宗教组织有时会提出限制和禁忌使用，认为该商品与宗教信仰相冲突。相反，有的新产品出现，得到宗教组织的赞同和支持，它就会号召教徒购买、使用，起了一种特殊的推广作用。因此，企业应充分了解不同地区、不同民族、不同消费者的宗教信仰，提倡适合其要求的产品，制定适合其特点的营销策略，否则，会触犯宗教禁忌，失去市场机会，造成经济损失，有时甚至会造成政治影响。因此，了解和尊重消费者的宗教信仰，对企业营销活动具有重要意义。

(4) 价值观念。价值观念是人们对社会生活中各种事物的态度、评价和看法。价值观念的形成与消费者所处的社会地位、心理状态、时间观念以及对变革的态度、对生活的态度等有关。例如我国人民随着生活水平的提高，对时间的价值观念正在改变，速溶咖啡、半制成式食品等越来越受欢迎。不同的文化背景，人们价值观念的差别是很大的，而消费者对商品的需求和购买行为则深受其价值观念的影响。我国人民普遍有节俭的美德，所以反映在产品寿命周期曲线上，成熟期特别长，也喜欢把钱或珍贵的东西存起来。而西方国家的人，比较注重现实生活的舒适，"及时行乐"的思想占主导地位。

（5）风俗习惯。风俗习惯是人们根据自己的生活内容、生活方式和自然环境，在一定的社会物质生产条件下长期形成，并世代相袭而成的一种风尚，以及由于重复、练习而巩固下来变成需要的、行为方式等的总称，它在饮食、服饰、居住、婚丧、信仰、节日、人际关系等方面，都表现出独特的心理特征、伦理道德、行为方式和生活习惯。不同的国家、不同的民族有不同的风俗习惯，它对消费者的消费嗜好、消费模式、消费行为等都具有重要的影响。企业营销者应了解不同国家、不同民族的消费习惯和爱好，做到"入境随俗"，可以说，这是企业做好市场营销尤其是国际经营的重要条件，如果不重视各个国家、各个民族之间的文化和风俗的差异，就可能造成难以挽回的损失。

（6）审美观念。审美观念是指人们对事物的好坏、美丑、善恶的评价。处于不同时代、不同民族、不同地区的人有着不同的审美观和美感。这将影响人们对商品及服务的看法，必须根据营销活动所在地区的审美观设计产品，提供服务。结合审美观念的不同。市场营销一般从以下几个方面进行分析：①对产品的要求。不同的国家、民族和区域及文化素养不同的人有着不同的欣赏角度，对事物的褒贬有着明显的差别。②对促销方式的要求。主要表现在对广告和其他经销方式上的特殊要求与禁忌。对各种事物审美爱好的不同致使广告画面受到一定的限制，在一些洗衣机，商标的画面显示带露水的荷花，荷花历来在我国受人钟爱，但如果用荷花做商标的商品出口到日本，将会遭到拒绝。因此，不同的审美观对消费的影响是不同的，企业应针对不同的审美观所引起的不同的消费需求，开展自己的营销活动，特别要把握不同文化背景下的消费者审美观念及其变化趋势，制定良好的市场营销策略，以适应市场需求的变化。

在营销过程中，任何企业都不能改变市场营销的宏观环境，但它们可以认识这种环境，可以通过经营方向的改变和内部管理的调整，适应环境变化，达到营销目标，实现企业利润。

企业宏观环境是错综复杂的，又是变幻莫测的。企业在进行宏观环境分析时，首先应抓住战略环境与一般环境的特征。与一般环境相比，战略环境对于企业的影响具有全局性、未来导向性和动态性三大特征。企业应该有目的、有重点地抓住关键战略环境因素，科学预测关键战略的发展趋势，发现环境中蕴含的机遇和挑战。

企业对营销环境的适应，既是营销环境客观性的要求，也是企业营销观念的要求。现代营销观念以消费者需求为出发点和中心，它要求企业必须清楚地认识环境及其变化，发现需求并比竞争对手更好地满足需求。否则，就会被无情的市场竞争所淘汰。而且，因为环境的复杂性和动态性，企业对环境的适应必须是永不松懈的。消费者的需求不断变化，市场上就不存在永远正确的营销决策和永远受欢迎的产品，对企业来说，唯有通过满足消费需求实现赢利目标的任务是永恒的。而成功地完成这一任务，适应环境是关键。几十年前，美日企业对石油危机不同的反映造成它们的市场地位戏剧性变化是一个典型的例子。美国被称为"车轮上的国家"，其发达的汽车工业是美国人引以为傲的资本。但因为美国几大汽车巨头们对能源危机反应迟钝，在能源趋紧的环境条件下，依然生产着大型、耗能高的传统汽车，而日本企业却适时地研制出小型节能汽车，成功地占领了大片美国市场。美国人曾以为高枕无忧的国内市场，在日本人的进攻下痛失"半壁江山"。这个例子说明了，在客观环境面前，强与弱的划分标准是对环境的适应能力，善于适应环境就能创造竞争优势。市场营销学认为，企业营销活动的成败，营销目标能否实现，就在于企业能否适应环境的变化，并以创新的对策去驾驭变化的营销环境，做到"以变应变"。在风云变幻的市场竞争中，"适者生存"同样是真理。企业的大小决策，各种活动都应是有理有据的，这便有赖于对市场营销环境的分析。而企业的营销活动从本质上说，就是企业利用自身可控的资源不断适应外界环境不可控因素的过程。

三、微观市场营销环境

微观营销环境又称为直接营销环境，是指与企业紧密相连，直接影响企业为目标市场顾客服务的能力和效率的各种参与者，包括企业内部营销部门以外的企业因素、供应商、营销渠道企业、目标顾客、竞争者和公众。

1. 企业内部环境

除市场营销管理部门外，企业本身还包括最高管理层和其他职能部门，如制造部门、采购部门、研究开发部门及财务部门等，这些部门与市场营销管理部门一起在最高管理层的领导下，为实现企业目标共同努力。正是企业内部的这些力量构成了企业的内部营销环境。而市场营销部门在制定营销计划和决策时，不仅要考虑到企业外部的环境力量，而且要考虑到与企业内部其他力量的协调。

首先，企业的营销经理只能在最高管理层所规定的范围内进行决策，以最高管理层制定的企业任务、目标、战略和相关政策为依据，制定市场营销计划，并得到最高管理层批准后方可执行。

其次，营销部门要成功地制定和实施营销计划，还必须有其他职能部门的密切配合和协作。例如，财务部门负责解决实施营销计划所需的资金来源，并将资金在各产品、各品牌或各种营销活动中进行分配；会计部门则负责成本与收益的核算，帮助营销部门了解企业利润目标实现的状况；研究开发部门在研究和开发新产品方面给营销部门以有力支持；采购部门则在获得足够的和合适的原料或其他生产性投入方面担当重要责任；而制造部门的批量生产保证了适时地向市场提供产品。

2. 供应商

供应商是向企业及其竞争者供应原材料、部件、能源、劳动力等资源的企业和个人。供应商是能对企业的经营活动产生巨大影响的力量之一。其提供资源的价格往往直接影响企业的成本，其供货的质量和时间的稳定性直接影响了企业服务于目标市场的能力。所以，企业应选择那些能保证质量、交货期准确和低成本的供应商，并且避免对某一家供应商过分依赖，不至于受该供应商突然提价或限制供应的控制。对于供应商，传统的做法是选择几家供应商，按不同比重分别从他们那里进货，并使他们互相竞争，从而迫使他们利用价格折扣和优质服务来尽量提高自己的供货比重。这样做，虽然能使企业节约进货成本，但也隐藏着很大的风险，如供货质量参差不齐，过度的价格竞争使供应商负担过重放弃合作等。认识到这点后，越来越多的企业开始把供应商视为合作伙伴，设法帮助他们提高供货质量和及时性。

3. 营销中介

营销中介是协助企业推广、销售和分配产品给最终买主的那些企业，包括中间商、物流机构、营销服务机构和金融机构等。

（1）中间商。中间商是协助企业寻找顾客或直接与顾客进行交易的商业组织和个人。中间商分为两类：代理中间商和商人中间商。代理中间商是指专业协助达成交易，推销产品，但不拥有商品所有权的中间商，如经纪人、代理人和制造商代表等。商人中间商是指从事商品购销活动，并对所经营的商品拥有所有权的中间商，包括批发商、零售商。除非企业完全依靠自己建立的销售渠道，否则中间商对企业产品从生产领域成功地流向消费领域有至关重要的影响。中间商是联系生产者和消费者的桥梁，他们直接和消费者打交道，协调生产厂商与消费者之间存在的数量、地点、时间、品种以及持有方式等方面的矛盾。因此，他们的工作效率和服务质量就直接影响到企业产品的销售状况。如何选择中间商并与之合作，是关系到企业兴衰成败的大问题。

（2）物流机构。物流机构也叫实体分配机构，是帮助企业储存、运输产品的专业组织，包括仓储公司和运输公司。物流机构的作用在于使市场营销渠道中的物流畅通无阻，为企业创造时间和空间效益。近年来，随着仓储和运输手段的现代化，实体分配机构的功能越发明显和重要。

（3）营销服务机构。营销服务机构包括市场调研公司、财务公司、广告公司、各种广告媒体和营销咨询公司等，提供的专业服务是企业营销活动不可缺少的。尽管有些企业自己设有相关的部门或配备了专业人员，但大部分企业还是与专业的营销服务机构以合同委托的方式获得这些服务。企业往往比较各服务机构的服务特色、质量和价格，来选择最适合自己的有效服务。

（4）金融机构。金融机构包括银行、信贷公司、保险公司等对企业营销活动提供融资或保险服务的各种机构。在现代社会里，几乎每一个企业都与金融机构有一定的联系和业务往来。企业的信贷来源、银行的贷款利率和保险公司的保费变动无一不对企业的市场营销活动产生直接的影响。

供应商和营销中介都是企业向消费者提供产品或服务过程中不可缺少的责任力量，是价值让渡系统中主要的组成部分。企业不仅要把他们视为营销渠道成员，更要视为伙伴，以追求整个价值让渡系统业绩的最大化。

4. 目标顾客

目标顾客是企业的服务对象，是企业产品的直接购买者或使用者。企业与市场营销渠道中的各种力量保持密切关系的目的就是为了有效地向其目标顾客提供产品和服务，顾客的需求正是企业营销努力的起点和核心。因此。认真分析目标顾客需求的特点和变化趋势是企业极其重要的基础工作。

市场营销学根据购买者和购买目的来对企业的目标市场进行分类。包括：

（1）消费者市场。消费者市场由为了个人消费而购买的个人和家庭构成。

（2）生产者市场。生产者市场由为了加工生产来获取利润而购买的个人和企业构成。

（3）中间商市场。中间商市场由为了转卖来获取利润而购买的批发商和零售商构成。

（4）政府市场。政府市场由为了履行政府职责而进行购买的各级政府机构构成。

（5）国际市场。国际市场由国外的购买者构成，包括国外的消费者、生产者、中间商和政府机构。

每种市场类型在消费需求和消费方式上都具有鲜明的特色。企业的目标顾客可以是以上五种市场中的一种或几种。也就是说，一个企业的营销对象不仅包括广大的消费者，也包括各类组织机构。企业必须分别了解不同类型目标市场的需求特点和购买行为。

5. 竞争者

任何企业都不大可能单独服务于某一顾客市场，完全垄断的情况在现实中不容易见到。而且，即使是高度垄断的市场，只要存在着出现替代品的可能性，就可能出现潜在的竞争对手。所以，企业在某一顾客市场上的营销努力总会遇到其他企业类似努力的包围或影响。这些和企业争夺同一目标顾客的力量就是企业的竞争者。企业要在激烈的市场竞争中获得营销的成功，就必须比其竞争对手更有效地满足目标顾客的需求。因此，除了发现并迎合消费者的需求外，识别自己的竞争对手，时刻关注他们，并随时对其行为做出及时的反应亦成为成败的关键。从消费需求的角度划分，企业的竞争可分为以下四个层次：

（1）愿望竞争，即消费者想要满足的各种愿望之间的可替代性。当一个消费者休息时可能想看书、进行体育锻炼或吃东西，每一种愿望都可能意味着消费者将在某个行业进行消费。

（2）类别竞争，即满足消费者某种愿望的产品类别之间的可替性。假设前面那个消费者吃东西的愿望占了上风，他可以选择的食品很多：水果、冰淇淋、饮料、糖果或其他。

（3）产品形式竞争，即在满足消费者某种愿望的特定产品类别中仍有不同的产品形式可以选择。假设消费者选中了糖果，则有巧克力、奶糖、水果糖等多种产品形式可满足他吃糖的欲望。

（4）品牌竞争，即在满足消费者某种愿望的同种产品中不同品牌之间的竞争。或许那个消费者对奶糖感兴趣，并特别偏爱某品牌，于是，该品牌的产品在竞争中赢得了最后的胜利。

品牌竞争是这四个层次的竞争中最常见和最显在的，其他层次的竞争则比较隐蔽和深刻。有远见的企业并不仅仅满足于品牌层次的竞争，而且会关注市场的发展趋势，在恰当的时候积极维护和扩大基本需求。

6. 公众

公众是指对企业实现其市场营销目标的能力有着实际的或潜在影响力的群体。公众可能有助于增强一个企业实现目标的能力，也有可能妨碍这种能力。企业的主要公众包括以下七种：

（1）金融界公众。它是指关心并可能影响企业获得资金的能力的团体，如银行、投资公司、证券交易所和保险公司等。"资金是企业的血液"，在现代社会，金融对企业的作用尤为重要。

（2）媒介公众。它是指报社、杂志社、广播电视台等大众传播媒介。这些组织对企业的声誉具有举足轻重的作用，它们的一条消息或一则报道可能使企业产品营销声名大振，也可能使企业产品营销一败涂地。因此，现代企业都十分重视媒介的作用。

（3）政府公众。它是指有关的政府部门。营销管理者在制定营销计划时必须充分考虑政府的发展政策，企业还必须向律师咨询有关产品安全卫生、广告真实性、商人权力等方面可能出现的问题，以便同有关政府部门搞好关系。

（4）群众团体。它是指消费者组织、环境保护组织及其他群众团体。如玩具公司可能遇到关心子女安全的家长关于产品安全的质询。1985年1月12日，我国国务院批准成立"中国消费者协会"，目前，全国各地"消费者协会"发挥了越来越大的作用，消费者的自我保护意识逐渐增强。很多企业对"消费者协会"这个群众团体的作用越来越重视。

（5）当地公众。它是指企业所在地附近的居民和社区组织。企业在它的营销活动中，要避免与周围公众的利益发生冲突，应指派专人负责处理这方面的问题，同时还应注意对公益事业作出贡献。

（6）一般公众，即普通消费者。一个企业需要了解一般公众对它的产品和活动的态度。企业的"公众形象"，即在一般公众心目中的形象，对企业的经营和发展是很重要的，要争取在一般公众心目中树立良好的企业形象。很多企业不惜花重金做广告，开展公益赞助活动，一个重要的原因就是在消费者心目中树立良好的企业形象，从而间接促进产品的销售。

（7）内部公众。它是指企业内部股东、董事会的董事、经理、技术工人、普通工人等。内部公众的态度会影响到外部社会上的公众。在现代社会，企业越来越意识到内部公众的重要性。很多企业领导人认为：一切竞争归根到底就是人的竞争，如何调动职工的积极性、主动性和创造性，是企业领导人应首先关注的一个重要问题。一些公司提出的"领导心中有职工，职工心中有企业"和"以人为本，以效益为天"等口号都是关心职工、重视职工的很好例证。

四、SWOT分析法

营销环境分析的方法主要是SWOT分析法。分析的主要内容详见表3-1。它是一种对企业的优势（Strength）、劣势（Weekness）、机会（Opportunity）和威胁（Threat）的分析。

表 3-1 SWOT 分析的主要内容

优 势	劣 势	机 会	威 胁
• 有力的战略	• 战略方向模糊	• 拓展产品线	• 新加入的竞争者威胁
• 雄厚的财务条件	• 过时的设备	• 收购对手	• 市场增长缓慢
• 良好的品牌形象/商誉	• 财务状况恶化	• 延伸品牌的机会	• 买方需求的变化
• 专有性技术	• 成本过高	• 从对手处获得市场份额的	• 人口统计的变化
• 成本优势	• 利润水平低	机会	• 替代品抢占市场份额
• 营销能力强	• 研发不足	• 占有新技术的机会	• 新法规增加了经营成本
• 产品创新技能	• 产品线狭窄	• 服务于更多的消费群体	
• 良好的顾客服务	• 营销能力不足		
• 良好的产品质量			

（一）外部环境分析

外部环境分析就是依据企业的目标，对与企业的生产经营活动发生联系的或可能对企业的生产经营活动发生影响的外部宏观环境和微观环境因素进行系统的分析与评价，从中判别出企业面临的机会与威胁。

1. 机会

环境机会的实质是指市场存在着尚未满足或未完全满足的需求。它既可能来源于宏观环境，也可能来源于微观环境。随着消费者需求不断变化和产品寿命周期缩短，旧产品不断被淘汰，要求开发新产品来满足消费者的需求，因此市场上出现了许多新的机会。市场机会具有公开性和时间性的特征。公开性是指市场机会的客观存在都是公开的，每个企业、各个行业都有可能发现它，并随时去利用它。时间性是指在一定时间内，如果不采取行动加以利用，则市场机会所具有的机会效益就会减弱，甚至消失。因此，市场一旦发现，就要抓住不放。环境机会对不同企业是不相等的，同一个环境机会对这一些企业可能成为有利的机会，而对另一些企业可能就造成威胁。环境机会能否成为企业的机会，要看此环境机会是否与企业目标、资源及任务相一致，企业利用此环境机会能否比其竞争者带来更大的利益。

市场机会实际上就是市场空隙，也就是消费者对某种商品或劳务的潜在需求，也是企业所要开拓、占领的潜在市场，是营销环境中对企业市场营销有利的各项因素的总和。一般来说，市场机会的形成主要来自于市场供求总量不平衡、市场供求时间不平衡和市场供求广度不平衡等。有效地捕捉和利用市场机会，是企业营销成功和发展的前提。企业只有密切注视营销环境变化带来的市场机会，适时做出适当评价，并结合企业自身的资源和能力，及时将市场机会转化为企业机会，才能开拓市场，扩大销售，提高企业产品的市场占有率。

2. 威胁

环境威胁是指外部环境变化趋势中对本企业的生存与发展不利的、消极的、负向的因素。企业若不能回避或恰当地处理威胁，威胁就会动摇或侵蚀企业的市场地位，损伤企业的竞争优势。这种环境威胁主要来自两方面，一是环境因素直接威胁着企业的营销活动，如政府颁布某种法律，如《环境保护法》，它对造成环境污染的企业来说，就构成了巨大的威胁。二是企业的目标、任务及资源同环境机会相矛盾，如人们对自行车的需求转为对摩托车的需求，给自行车厂的目标与资源同这一环境机会造成矛盾。自行车厂要将"环境机会"变成"企业机会"，需淘汰原来产品，更换全部设备，必须培训、学习新的生产技术，这对自行车厂无疑是一种威胁。摩托车的需求量增加，自行车的销量必然减少，给自行车厂又增加一份威胁。

（二）内部环境分析

识别环境中有吸引力的机会是一回事，拥有在机会中成功所必需的竞争能力又是另一回事。在进行了企业外部环境的分析之后，还需要对企业内部的资源条件进行分析。在机会出现之后，只有拥有适当的资源条件的企业才有可能取得成功。正是这些资源条件形成了一个企业的优势与劣势。

1. 优势

优势是指一个企业较之其竞争对手在某些方而所具有的不可匹敌、不可模仿的独特能力。一个企业的优势，不仅是指能做什么，更重要的是指企业在哪些方而能比竞争对手做得更好。波士顿咨询公司的负责人乔治·斯托克提出，能获胜的公司是取得公司内部比较优势的企业，而不仅仅是抓住公司核心能力的企业。公司必须管好某些基本程序，如新产品开发、原材料采购、对订单的销售引导、对客户订单的现金实现、顾客问题的解决时间等。每个程序和环节都创造价值和需要内部部门协同工作。虽然每个部门都可以拥有一个核心能力，但如何管理这些能为企业带来优势的能力仍是一个挑战。斯托克把它称为能力基础的竞争。

2. 劣势

劣势是指企业较之竞争对手在某些方面的缺点与不足。如一个企业可能较之竞争对手在企业规模、产品品种、市场占有率、资金、产品质量等多个方面存在劣势。每个企业都要定期检查自己的优势与劣势，分析企业的营销、财务、制造和组织能力。

SWOT 分析法通过将特定的外部因素和内部因素进行匹配组合，形成了 4 种战略组合：SO（优势/机会）战略；ST（优势/威胁）战略；WS（劣势/机会）战略；WT（劣势/威胁）战略。详见图 3-1 SWOT 分析矩阵。

图 3-1 SWOT 分析矩阵

（1）劣势—威胁（WT）组合

企业应尽量避免处于这种状态，然而企业一旦处于这种状态，在制定战略时就要降低威胁和弱点对企业的影响。

（2）劣势—机会（WO）组合

企业已经看到外部环境所提供的发展机会，但企业同时又存在着限制利用这些机会的弱点。在这种情况下，企业应通过外在的方式来弥补企业的弱点以最大限度地利用外部环境中的机会。如果企业不采取任何行动，就将机会让给了竞争对手。

（3）优势—威胁（ST）组合

在这种情况下，企业应巧妙地利用自身的长处来对付外部环境中的威胁，其目的是发挥优势，减少威胁。对企业来说，合适的策略应当是慎重而有限度地利用企业自身优势。

（4）优势—机会（SO）组合

这是最理想的组合，任何企业都希望凭借企业的长处和资源来最大限度地利用外部环境所提供的多种发展机会。

对于每一种外部环境和企业内部条件的组合，都应认真分析，并采取相应的营销策略。高明的营销者总是严密地监视和及时预测相关环境的发展变化，善于分析、评价和鉴别由于环境变化造成的机会与威胁，以便采取相应的态度和行为。

【本节小结】

市场营销环境是企业借以寻找市场机会和密切监视可能受到的威胁的场所，它由能影响企业有效地为目标市场服务的能力的外部所有行动者和力量所组成。企业的营销环境可分为直接环境和间接环境两类。企业与环境是对立统一的关系，能动地适应环境是企业市场营销成功的关键。

企业的直接环境又称微观环境，包括企业本身、市场营销渠道企业、目标顾客、竞争者和各种公众。

企业的间接环境又称宏观环境，包括与企业营销活动密切相关的六大社会力量：人口、经济、自然、科学技术、政治法律和社会文化等方面的因素。

中国经济步入转型期后市场营销环境呈现鲜明的特色，主要表现在：人口众多、市场规模大；结构复杂、市场差异大；发展迅速，市场变化快；法规不全，市场秩序乱。

第二节　消费者购买行为分析

【学习目标】

◇ 掌握购买者行为模式的一般规律。

【学习重点】

◇ 5W2H 分析的内容。

【学习难点】

◇ 影响消费者购买行为的主要因素。

【课程导入】

研究购买行为（图 3-2）是企业制定营销决策的主要依据。只有了解购买者的购买动机，探索其购买规律，才能预测可能发生的购买行为，发现市场机会，把潜在需求转化为现实需求，以扩大销量和利润。购买者行为理论认为，企业在其营销活动中必须认真研究目标市场中消费者的购买行为规律及其特征。因为消费者的购买行为不仅受经济因素的影响，还会受到其他多种因素的影响，从而会产生很大的差异。即使具有同样类型需求的消费者，购买行为也会有所不同。所以，只有认真研究和分析了消费者的购买行为特征，才能有效地开展企业的营销活动，真正把握住企业的顾客群体，顺利实现同顾客之间的交换。

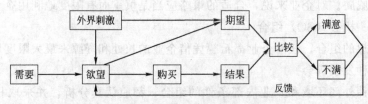

图 3-2　消费者购买行为

一、消费者购车行为模式

要使企业的营销活动获得成功，关键要看这些活动是怎样对消费者产生影响的，不同的消费者有各自会对其作出怎样的反应，而形成不同反应的原因又到底是什么。我们可从"认识-刺激-反应"模式出发去建立消费者的购买行为模式（图3-3）。

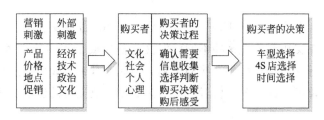

图 3-3　消费者购买行为模式

从这一模式中可以看到，具有一定潜在需要的消费者首先是受到企业的营销活动刺激和各种外部环境因素的影响而产生购买取向的；而不同特征的消费者对于外界的各种刺激和影响又会基于其特定的内在因素和决策方式作出不同的反应；从而形成不同的购买取向和购买行为。这就是消费者购买行为的一般规律。

购车者由于受到企业营销活动的刺激，在自身经济能力允许的情况下，处于代步目的、商务目的或两者兼有的情况下，在其他各种外部环境因素的影响下产生购买意向；从而也形成了购买不同品牌、不同车型的购买行为。这也是消费者购车行为的一般规律。

二、影响购车行为的主要因素

研究发现，影响消费者的购买行为的非经济因素主要有内外两个方面。从外部来看，主要有：消费者所处的文化因素，消费者所在的社会因素，消费者所接触的各种社会团体（包括家庭），以及消费者在这些社会团体中的角色和地位等。内部因素则是指消费者的个人因素和心理因素。个人因素包括消费者的性别、年龄、职业、收入与生活方式等等，心理因素包括购买动机、对外界刺激的反应方式、学习方式以及态度与信念等等（图3-4）。这些因素从不同的角度影响着消费者的购买行为模式。

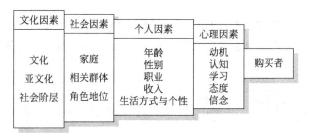

图 3-4　影响消费者购买行为的因素

（一）文化因素

文化是指人类从生活实践中建立起来的文学、艺术、教育、科学等的总和。作为人类在社会发展过程中所创造的物质财富和精神财富，不仅表现着人类智慧发展的历程和人类文明的标志，而且直接影响人们的欲望和行为。

1. 文化

影响消费者购买行为的文化因素是指所形成的共同的价值观、信仰、道德、风俗习惯，具有不同文化层次的人有着不同的价值观念、审美观点、生活标准和行为准则，因而文化是造成消费者购买行为差异的深层原因。因此社会文化因素对汽车消费者行为有着广泛和深刻的影响。

2. 亚文化

在一个国家的大文化中，包括若干个亚文化群，如民族亚文化群、宗教亚文化群、种族亚文化群、地理亚文化群等。这些不同的亚文化群形成了不同的风俗习惯和道德观念，也对消费者的购买行为产生直接或间接的影响。因此，营销企业应注意研究这种差别，以便正确地选择目标市场。就汽车消费者购买行为而言，亚文化的影响更为直接和重要，有时甚至是根深蒂固的。

3. 社会阶层

社会阶层是指由于收入水平、教育程度等方面的差异，在社会生活中会形成兴趣爱好、生活需求、价值取向相似或相近的群体或集团，他们在一定的社会经济结构下处于相同的经济地位或不同社会阶层的消费者由于在职业、收入、教育等方面存在明显差异。因此即使购买同一产品，其趣味、偏好和动机也会不同，因而有不同的购买行为。研究消费者的社会阶层对购买行为的影响，对进行市场细分和制定有针对性的市场营销策略具有重要意义。

（二）社会因素

1. 家庭

家庭是以婚姻、血缘关系组成的成员为基础形成的一种社会单位。家庭是社会的细胞，也是社会基本的消费单位，目前大部分汽车的消费行为是以家庭为单位进行的。因此，家庭对消费者购买行为起着至关重要的影响。家庭对消费者购买行为的影响主要表现在 3 个方面：一是每个家庭成员对购买决策都产生或多或少的影响；二是在家庭生命周期的不同阶段有不同的需求差别；三是家庭对消费者购买行为的影响方式具有特殊性，因而作用特别大。在一个典型的现代家庭中，作为家庭成员的丈夫、妻子以及子女在购买决策中的角色各不相同。

家庭也有其发展的生命周期（图 3-5），处于发展周期不同阶段的家庭，由于家庭性质的差异，其消费与购买行为也有很大的不同。一般来说，家庭的生命周期可划分为七个主要阶段：

图 3-5　家庭生命周期

（1）单身阶段：已参加工作，独立生活，处于恋爱，择偶时期。处于这一阶段的年轻人几乎没有经济负担，大量的收入主要花费在食品、书籍、时装、社交和娱乐等消费上。

（2）新婚阶段：已经结婚，但孩子尚未降临人间。这一阶段家庭将继续添置一些应购未购的生活用品，如果经济条件允许，娱乐方面的花费可能增多。

（3）育婴阶段（满巢 1 期）：有 6 岁以下孩子的家庭。有孩子的家庭才是完整的家庭，故称"满巢"。孩子诞生后将成为家庭消费的重点。因此，此阶段家庭会在哺育婴儿的相关消费上作比较大的投资。

（4）育儿阶段（满巢2期）：有6至18岁孩子的家庭。孩子在初步长大成人，家庭的主要消费仍在孩子身上。所不同的是，此阶段孩子的教育费用将成为家庭消费的重要组成部分。除学费之外，各种课外的学习与娱乐的开支也会大大增加。

（5）未分阶段（满巢3期）：有18岁以上尚未独立生活的子女的家庭。此时子女已经长大成人，但仍同父母住在一起。此阶段家庭消费的主要特点是家庭的消费中心发生了分化。父母不再将全部消费放在子女身上，也开始注重本身的消费；而子女随着年龄的增大，在消费方面的自主权开始增加；有些子女参加了工作，有了一定的经济来源，消费的独立性会显得更为明显。

（6）空巢阶段：孩子相继成家，独立生活。这一时期的老年夫妇家庭，由于经济负担减轻，他们的消费数量将减少，消费质量将提高。保健、旅游将成为消费的重点，社交活动也会有所增加。在中国，一些老人经常会毫不吝啬地将钱花在第三代身上。

（7）鳏寡阶段：夫妻一方先去世，家庭重新回到单人世界，这时最需要的消费是医疗保健、生活服务和老年社交活动。

对消费者购买行为的影响，在不同类型的家庭中其影响力是有区别的。有人把家庭分为4种类型，即丈夫支配型、妻子支配型、共同支配型、各自支配型。私人汽车的购买，在买与不买的决策上，一般是协商决策型或丈夫决策型；但在款式或颜色的选择上，妻子的意见影响较大。汽车企业及其市场营销人员应认真研究特定目标市场的特定家庭模式。确定不同家庭成员在购买汽车产品中的影响力，并采取相应的措施来影响家庭成员的购买选择。

例如，一个家庭要购买一辆汽车，是否购买由夫妻共同决定，而丈夫对汽车的品牌作出决定，这样汽车企业就可以对丈夫作更多有关品牌方面的宣传，以引起丈夫对本企业生产的汽车的注意和兴趣，至于汽车的造型、色调方面妻子有较大的决定权，公司则可设计造型、色调等方面受妻子喜爱的产品。

2. 相关群体

相关群体是影响消费者购买行为并与之相互作用的群体。一般分为3种类型：一是主要群体，即相对稳定地在一起工作、学习、生活的人形成的群体；例如，同一个工厂、商店、机关、学校等单位工作的同事，曾经同一个部队的战友，同住一个居民区的邻居等。由于这些群体同消费者发生密切的面对面的关系，因而对其购买行为产生着直接影响。二是次要群体，即那些有共同的业务要求但接触较少的群体，如各种专业协会、学会、联谊会等。消费者虽然属于这些组织的成员，但由于接触的次数很少，因而只能对消费者的购买行为产生间接影响。三是具有共同志趣的群体，如"自驾游"的爱好者、某个电影明星、体育明星的崇拜者和追随者。这些人虽然没有正式的交往关系，但在某些方面对消费者的购买行为影响较大。

相关群体对汽车产品个人购买行为的影响，一般表现在3个方面：第一，它向人们展示了各不相同的消费行为和生活方式，因而使群体成员改变原来的购买行为或者产生新的购买行为；第二，它能引起人们的仿效欲望，从而改变消费者的购买态度和引起对这些产品价值观念的变化；第三，它促使人们的购买行为趋于某种"一致性"，因而影响消费者对产品的品种及商标的选择。

3. 角色地位

角色是指每一个人在一定的社会条件下所处的具有某种权利和义务的地位。它反映了社会对个人的综合评价，一个人在群体中的位置取决于个人的角色与地位。在长期的社会生活实践中每一个社会角色形成了较为固定的职责和行为准则。社会利用这些准则来衡量和评价每一个社会角色，每一个人则通过消费和社交来表现自己的角色。由于人们社会活动的内容日益多样化，使每一个人在不同时间和不同空间里扮演着不同的社会角色。例如，一个在工作单位是职工或领导的已婚妇女，在家里又分别是妻子、母亲和儿媳（女儿）。在作为不同角色时对自己有不同的要求，从而形成了不同的购买特点和习惯。

（三）个人因素

购买决策也深受消费者个人特征的影响。包括年龄、生活方式与个性、自我形象、职业、性别、经济条件。

1. 年龄

消费者的欲望和行为，因年龄不同而发生变化。比如，三个月、六个月和一岁的婴儿，对玩具的要求会不一样；同一消费者年轻时与步入老年阶段，对汽车外观、动力性能的爱好也会不同。

2. 生活方式与个性

生活方式是一个人生活中表现出来的他的活动、兴趣和看法的整个模式，影响对品牌的看法、喜好。营销者往往可以通过生活方式理解消费者不断变化的价值观及其对消费行为的影响。

个性指个人特有的心理特征，导致人对所处环境做出相对一致和持续的反应。通过自信、支配、自主、顺从、交际、保守和适应等性格特征表现出来。依据个性因素，可以更好赋予品牌个性，以期与消费者适应。如美国学者发现，购买敞篷汽车的买主与硬顶汽车的买主之间，存在一些个性差别——前者表现较为主动、急进和喜欢社交。再如，有的人稳健保守，往往会选择一些安全性能好的 MPV 汽车，有的人则勇于冒险，则更趋向于选择 SUV 汽车。

3. 职业、性别和收入

职业影响——如工人、农民、军人及教师，对不同产品及品牌会表现出不同的看法和购买意向，有不同的消费习惯。

性别——长期以来，性别一直是影响人们购买服装、鞋帽、化妆品等的重要因素；现在"男女有别"已经延伸到其他不少领域。如我们现在看到的思域、标志206都是着力迎合女性消费者。

收入——消费要"量入为出"，依据条件消费和购买。人们的经济状况包括可供其消费的收入（收入水平、稳定性和时间形态）、储蓄与财产、借债能力和对花钱与储蓄的态度。

（四）心理因素

心理是人的大脑对于外界刺激的反应方式与反应过程。如我们一开始就指出的，消费者的购买行为模式在很大程度上就是建立在其对外界刺激的心理反应基础之上的。但我们可以发现，人们之间的心理状况是很不相同的。这是因为除了天生就有的无条件反射之外，人的绝大多数心理特征都是在其生活经历中逐步形成的。而由于人们生活经历的千差万别，所以人们的心理状况也就千变万化，各不相同了。这是使得消费者购买行为变得十分复杂的重要原因。影响购买行为的心理因素主要包括：动机、认知、学习、态度和信念等各个方面。

1. 动机

动机是一种无法直观的内在力量，它是人们因为某种需要产生的具有明确目标指向和即时实现愿望的欲求。动机是购买行为的原动力。需要是产生动机的基本原因，但需要并不等于动机，动机有其固有的表现形态。

亚伯拉罕·马斯洛著名的"需求层次论"说明了需要和动机在不同的环境条件下侧重点是不同的（图 3-6）。从基本的生理需要出发，人们首先会产生寻求食物充饥和获得衣物御寒等最基本的动机；而当饥寒问题解决了以后，安全又会成为人们所关心的问题，人们不再会不顾一切地去寻求食物等基本生活资料，即使敢冒风险，也绝不是出于生理的需要，而可能是为了更高层次需求的满足（如为了爱情或事业）；生活有了充分保障的人们又会把社交作为重要的追求，以满足其社会归属感；而有了一定社交圈的人又十分重视他人对其的尊重，重视在社会上的身份和地位；追求自我价值的实现是最高层次的需要和动机，人们会在各种需要以基本满足的前提下，努力按自己的意愿去做一些能体现自我价值的事情，并从中寻求一种满足感。

图 3-6 马斯洛需求层次论

弗雷德利克·赫茨伯格的"双因素理论"对于需求动机的研究同样是很重要的。"双因素理论"认为人们"不满意"的对立面不是"满意"，而是"没有不满意"；同样，"满意"的对立面也不是"不满意"，而是"没有满意"。即"没有不满意"只是人们的对所获得的商品和服务的基本要求，但并非其购买的原因和动机，如人们选择到某地旅游是由于该地的宜人景色令人满意，而服务是否周到并非人们选择旅游点的主要原因。人们不会由于在服务上没有不满意而到一个不能满足其旅游欲望的地方去旅游。

消费者具体购买动机有：

（1）求实动机：它是指消费者以追求商品或服务的使用价值为主导倾向的购买动机。

在这种动机支配下，消费者在选购商品时，特别重视商品的质量、功效，要求一分钱一分货，相对而言，对商品的象征意义，所显示的"个性"，商品的造型与款式等不是特别强调。比如，在选择布料的过程中，当几种布料价格接近时，消费者宁愿选择布幅较宽、质地厚实的布料，而对色彩、是否流行等给予的关注相对较少。一般对花哨的汽车功能并不感兴趣，选择买基本型汽车的顾客就属于这一类型。

（2）求新动机：它是指消费者以追求商品、服务的时尚、新颖、奇特为主导倾向的购买动机。在这种动机支配下，消费者选择产品时，特别注重商品的款式、色泽、流行性、独特性与新颖性，相对而言，产品的耐用性、价格等成为次要的考虑因素。一般而言，在收入水平比较高的人群以及青年群体中，求新的购买动机比较常见。我国汽车市场购买者中有很大一部分是这一人群，所以各大汽车厂在中国都是不遗余力地不断更新车型。

（3）求美动机：它是指消费者以追求商品欣赏价值和艺术价值为主要倾向的购买动机。在这种动机支配下，消费者选购商品时特别重视商品的颜色、造型、外观、包装等因素，讲究商品的造型美、装潢美和艺术美。求美动机的核心是讲求赏心悦目，注重商品的美化作用和美化效果，它在受教育程度较高的群体以及从事文化、教育等工作的人群中是比较常见的。据一项对近400名各类消费者的调查发现，在购买活动中首先考虑商品美观、漂亮和具有艺术性的人占被调查总人数的41.2%，居第一位。而在这中间，大学生和从事教育工作、机关工作及文化艺术工作的人占80%以上。比如说购买东风雪铁龙毕加索的客户，就是被毕加索美丽的外观所吸引。

（4）求名动机：它是指消费者以追求名牌、高档商品，借以显示或提高自己的身份、地位而形成的购买动机。当前，在一些高收入层、大中学生中，求名购买动机比较明显。求名动机形成的原因实际上是相当复杂的。购买名牌商品，除了有显示身份、地位、富有和表现自我等作用以外，还隐含着减少购买风险，简化决策程序和节省购买时间等多方面考虑因素。这在学生中间追求阿迪、耐克的是最明显的。在汽车行业中，大多数购买高级轿车、跑车的消费者来说他们的买车动机就是求名动机。

（5）求廉动机：它是指消费者以追求商品、服务的价格低廉为主导倾向的购买动机。在求廉动机的驱使下，消费者选择商品以价格为第一考虑因素。他们宁肯多花体力和精力，多方面了解、比较产品价格差异，选择价格便宜的产品。相对而言，持求廉动机的消费者对商品质量、花色、款式、包装、品牌等不是十分挑剔，而对降价、折让等促销活动怀有较大兴趣。最典型的就是买微型车或者二手车的客户买车动机。

（6）求便动机：它是指消费者以追求商品购买和使用过程中的省时、便利为主导倾向的购买动机。在求便动机支配下，消费者对时间、效率特别重视，对商品本身则不甚挑剔。他们特别关心能否快速方便地买到商品，讨厌过长的候购时间和过低的销售效率，对购买的商品要求携带方便，便于使用和维修。一般而言，成就感比较高，时间机会成本比较大，时间观念比较强的人，更倾向于持有求便的购买动机。

以上对消费者在购买过程中呈现的一些主要购买动机作了分析。需要指出的是，上述购买动机绝不是彼此孤立的，而是相互交错、相互制约的。

2. 认知

认知是人们的一种基本心理现象，是人们对外界刺激产生反应的首要过程。人们不会去注意其没有认知的事物，不可能去购买没有认知的商品。只有觉察和注意到某一商品存在，并与自身需要相联系，购买决策才有可能产生。

认知是一种人的内外因素共同作用的过程，取决于两个方面：一是外界的刺激，没有刺激认知就没有对象，二是人们的反应，没有反应，刺激就不能发挥作用。然而在实际生活中真正能使两者完全结合的并不多，原因是人们认知能力的局限，对外界刺激的接受只能是有选择的。具体而言，反映在三个方面，即选择性注意、选择性理解和选择性记忆。

（1）选择性注意。人们对外界的刺激源不会全都注意，有许多可能是视而不见，听而不闻。引发人们注意的因素主要是两个：一是人们的需要和兴趣，这是引发注意的内在因素；另一个是刺激的力度，这是引发注意的外在因素。表 3-2 反映了外在刺激物的特征与引发感知的关系，说明除了了解消费者的需要和兴趣，有的放矢地进行刺激之外，调整刺激的方式和力度也是很重要的。

表 3-2　刺激与认知的关系

刺激物的特征	容易引起认知	不易引起认知	刺激物的特征	容易引起认知	不易引起认知
规模	大	小	动静	运动	静止
位置	显著	偏僻	反差（对比）	明显	模糊
色彩	鲜艳	暗淡	强度	强烈	微弱

（2）选择性理解。人们对所接受的刺激和信息的理解会有一定的差异，这是由于人们在接受外在刺激和信息前，已经形成了自己的意识和观念。他会以自己已有的意识和观念去理解外来的刺激和信息，从而产生不同的认识。如对于"红豆"这样一种标志物，大多数中国人可能都会联想到"相思"这样一种情感，因为他们熟知"红豆生南国，春来发几枝，愿君多采撷，此物最相思"的诗句。但对于大多数外国人来讲，"红豆"可能最多只意味着是一种好看的植物，而不可能产生爱情之类的联想。

（3）选择性记忆。记忆在商业活动中是很重要的，消费者能否对企业的广告和品牌记忆深刻，关系到企业的产品销路和市场竞争力。而人们在记忆方面同样是有选择的。强化记忆的因素有三个方面，除了人们的兴趣、刺激的强度这两个引发注意的因素对于强化记忆同样能发挥作用以外，"记忆坐标"的因素是很重要的。所谓"记忆坐标"是指当人们接受某一信息是同时接受的另一信息，它可成为人们记住某一信息的"坐标"。如利用某种谐音可使人们记住难记的电话号码；利用某种有特征的环境因素能让人们记住在此环境下发生的事情。积极创立各种记忆坐标是促使消费者记住企业和产品特征的重要方法。

从消费者行为角度来看，唤起认知的主要是销售刺激。销售刺激分为两种：第一种商品刺激。刺激源是商品本身，它包括商品的功能、用途、款式和包装等。第二种信息刺激。即除商品外各种引发消费者注意和产生兴趣的信息，包括通过广告、宣传、服务及购物环境等表现出来的语言、文字、画面、音乐、形象设计等等。

3. 学习

人们的行为有些是与生俱来的，但大多数行为，包括购买行为，是通过学习得来的。

学习是指由于经验而引起的个人行为的变化，也表现为语言和思想的转变。人类学习过程（包括消费者的学习过程）是由驱策力、刺激物、提示物（诱因）、反应、强化组成的。

消费者购买汽车这类昂贵的耐用品过程也是一个学习的过程。这个过程从收集有关车辆的资料开始，了解品牌、分析判断、提出方案、实物对比、询问解疑、直至最后采取行动。在这个过程中消费者必然会加强与销售人员的联系，细致地观察各种车型，认真地倾听介绍。

4. 信念和态度

消费者信念是指消费者持有的关于事物的属性及其利益的知识。不同消费者对同一事物可能拥有不同的信念，而这种信念又会影响消费者的态度。一些消费者可能认为名牌产品的质量比一般产品高很多，能够提供很大的附加利益，另一些消费者则坚持认为，随着产品的成熟，不同企业生产的产品在品质上并不存在太大的差异，名牌产品提供的附加利益并不像人们想象的那么大。很显然，信念会导致对名牌产品的不同态度。对于汽车企业来说，信念构成了汽车产品的品牌的形象，人们是根据自己的信念行动的，错误的信念会阻碍消费者的购买行动，汽车企业应通过广告、促销活动及诚信服务等来树立消费者对其产品和品牌的信念。

态度，是指人们对事物的看法，它体现着一个人对某一事物的喜好与厌恶的倾向。态度是从学习中来的，它有一个逐步形成的过程，而一旦形成，则直接影响人们的行为。态度导致人们喜欢或不喜欢某些事物，态度一经形成，具有相对持久和稳定的特点，并逐步成为个性的一部分，使个体在反应模式上表现出一定的规则性和习惯性。正因为态度所呈现的持久性、稳定性和一致性，使态度改变具有较大的困难。一般情况下汽车企业不要试图改变消费者的态度，而应该考虑如何改变自己的产品或形象，以符合消费者的态度。当消费者已经对某种汽车品牌产生良好印象时，汽车企业必须努力维护或提升这个印象，不能出现有损形象的事件，以免消费者出现否定该品牌的态度。由此可以看出，汽车的售后服务是汽车企业所必须做好的工作。如果售后服务工作做不好，将有损汽车品牌的形象。

三、汽车消费者购买决策过程

每一个消费者在购买某一商品时，均会有一个决策过程，只是因所选产品类型、购买者类型的不同而使购买决策过程有所区别。一个典型的购买决策过程包括5个阶段：确认需要、信息收集、选择判断、购买决策、购后感受。汽车是一种高价耐用的消费品，其购买行为较为复杂。消费者一般会依次经历这5个阶段，但并不意味着所有的购买者都必须经历每个阶段。例如有的购买者对汽车产品的情况很了解，其购车过程经过的阶段就少，反之亦然。

1. 确认需要

汽车消费者的需要一般源于两方面的原因：一是内部刺激，如上下班不方便、需要汽车作为代步工具、或是出于想要从事汽车营运的需要；二是外部刺激，如电视广告等消费者自身以外的环境因素、或是看到周围与其条件相仿的人大都有车，于是就产生了想要购车的欲望。

2. 信息收集

在大多数情况下，消费者在产生需要后并不马上做出购买决策。而是首先寻找有关产品的多方面信息，尤其是汽车购买行为是一种较为复杂的购买行为，而要收集的信息很多。一般来说，消费者传统的信息来源主要有 4 个方面：个人来源、商业来源、公共来源、经验来源。汽车消费者的主要信息来源是商业来源。互联网已经逐渐成为消费者了解汽车的主要渠道。

3. 选择判断

消费者在收集到所需的信息后，就会对这些信息进行分析比较和综合判断，以做出最终选择。不同的消费者使用的评价方法和评价标准差别较大，但总体上讲，消费者对汽车产品的购买，是为了从该产品上寻求特定的功效，而汽车产品的属性对消费者来说就是产品功效，因此他们往往会把汽车产品看成是一些特定属性的组合，并根据自己的偏好对这些属性给予不同的权重，然后对不同品牌的汽车产品进行排序。

4. 购买决策

购买决策是购买过程的关键阶段，这是因为消费者只有做出购买决策后，才会产生实际的购买行为。在评价阶段，消费者经过对可供选择的汽车产品及品牌的分析比较，初步形成了购买意向，但消费者购买决策的最后确定，还会受其他两种因素的影响。一是他人的态度，他人的态度对消费者购买决策的影响程度，取决于他人的反对态度的强度和消费者遵从他人愿望的程度，消费者的购买意图，会因他人的态度而增强或减弱。二是意外情况，消费者购买意向的形成，总是与预期收入、预期价格和期望从产品中得到的好处等因素密切相关的。

5. 购后感受

消费者在购买汽车产品后，往往会通过自己的使用与他人的评价，对其购买选择进行检验，把他的体验与购买前的期望进行比较，进而产生一定的购后感受，如满意、一般或不满意等。这些感受最终会通过各种各样的行动表现出来。消费者根据自己从卖主、朋友及其他来源获得的信息形成对汽车产品的期望，如果汽车产品的实际表现达到了消费者的期望，就会令消费者满意。反之，就会使消费者不满意。同时，消费者对汽车产品的满意程度还会影响以后的购买行为。如果消费者感到满意，很可能在今后会再次购买该种品牌的汽车，并向其他人宣传该汽车的优点。如果消费者感到不满意，则会通过各种行为来减少不平衡的感受，如向卖主退货、向熟人和亲友抱怨、在互联网上发布信息、向消费者协会投诉等。

购买决策过程表明，购买过程实际上在实施实际购买行为之前就已经开始，并且要延伸到购买之后的很长一段时间才会结束。因此，企业营销人员必须研究个人购买者的整个购买过程，而不能只是单纯注意购买环节本身。研究和了解消费者的需要及其购买过，是市场营销成功的基础，市场营销人员通过了解购买者如何经历引起需要、寻找信息、评价行为、决定购买和买后行为的全过程，就可以获得许多有助于满足消费者需要的有用线索。通过了解购买过程的各种参与者及其对购买行为的影响，就可以为其目标市场设计有效的市场营销策划。

四、5W2H 分析的内容

根据以上内容不难看出，发现客户的需求是汽车销售顾问首要的任务。如何发现呢？搞清下面 7 个问题（表 3-3）。

表 3-3 5W2H 分析的内容

哪些人形成购买群体?	他们的购车预算?	他们要购买这款车的目的?	最在意车的什么配置?	他们以什么方式购买?	打算什么时候购车?	为谁购车?
Who	How much	Why	Which	How	When	Whom

【本节小结】

购买者行为模式是指:具有一定潜在需要的消费者首先是受到企业的营销活动刺激和各种外部环境因素的影响而产生购买取向的;而不同特征的消费者对于外界的各种刺激和影响又会基于其特定的内在因素和决策方式作出不同的反应;从而形成不同的购买取向和购买行为。

消费者的购买行为不仅受经济因素的影响,还会受到其他多种因素的影响,从而会产生很大的差异。影响消费者的购买行为的非经济因素主要有:消费者所处的文化环境,消费者所在的社会阶层,消费者所接触的各种社会团体(包括家庭),以及消费者在这些社会团体中的角色和地位等;还包括消费者的个人因素和心理因素。个人因素是指消费者的性别、年龄、职业、教育、个性、经历与生活方式等等;心理因素则是指购买动机、对外界刺激的反应、学习方式以及态度与信念等等。这些因素从不同的角度影响着消费者购买行为模式的形成。

思考与练习

假设你现在有 10 万、20 万或 30 万人民币,请利用腾讯汽车、网易汽车、新浪汽车或是其他汽车类网站查阅相关信息,找到你心仪的这款车。并分享你选择这款车的原因。

课题四
汽车相关参数与配置

第一节　汽车相关参数解读

【学习目标】

◇ 掌握汽车相关参数与配置；

◇ 能熟练解释各参数与配置的含义。

【学习重点】

◇ 汽车整体产品概念；

◇ 汽车基本参数、车身参数、底盘参数、发动机参数及特有技术、变速箱参数的内涵。

【学习难点】

◇ 汽车安全配置、操控配置、外部配置、内部配置、座椅配置、多媒体配置、玻璃/后视镜配置及其他高科技配置的内涵。

【课程导入】

"村"中纪实

某一家小型公司，因业务发展的需要，希望内部实现现代化办公及信息化管理，在为每一位员工配备电脑同时在公司内建立局域网。为此该公司的采购人员咨询了中关村多家著名经销商，却得到十分类似而并不适用的解决方案。几周后，一家小公司的销售人员却拿到了这份订单。仔细分析他的成功，我们发现其原因在于，当这位销售人员进行客户拜访时，他发现这家公司已经购买了不同配置、不同品牌的计算机产品。他了解到，这都是该公司在不同时期购进的产品，目前在使用上没有问题。因此，这位销售人员想到，这家公司对解决方案始终不满意的原因可能就在于这批机器。经过询问他发现自己的猜测是正确的，该公司为了节约成本，希望能够将现有的机器加以充分利用。了解到客户真正的需求，这位销售人员自然可以很顺利地拿到订单。

问题1：我们要向客户卖什么？

问题2：客户想得到的究竟是什么？

问题1:我们要向客户卖什么?	
销售人员说:我不推销!	销售人员说:我推销!
家具	和谐的家庭气氛
化妆品	魅力与时尚
服装	合体时髦的装束带来的自信
彩电	休闲的生活与娱乐
问题2:客户想得到的究竟是什么?	
客户说:我不要!	客户说:我要!
计算机	高速的运算能力与现代化的观念
保险储蓄	寻求安全,避免损失
豪华轿车	舒适,地位显赫
洗衣机	更多的闲暇
化妆品	秀丽的风姿

不要给我东西。不要给我衣服,我要的是迷人的外表。不要给我鞋子,我要的是两脚舒服,走路轻松。不要给我房子,我要的是安全、温暖、洁净和欢乐。不要给我书籍,我要的是阅读的愉悦与知识的满足。不要给我磁带,我要的是美妙动听的音乐。不要给我工具,我要的是创造美好物品的快乐。不要给我东西,我要的是想法、情绪、气氛、感觉和收益。请,不要给我东西。

汽车产品的独特性要求我们汽车技术服务与营销专业学生必须熟练掌握汽车各项参数配置的内涵,而这些配置的主要作用就是满足消费者在使用汽车产品过程中的各种需求,而这些参数配置的理论指导就是产品的整体概念。

当我们去某汽车4S店的时候,产品宣传页中除了该车卖点的翔实表现外,再有就是它的参数配置。今天,我们就依据产品整体概念这个理论给大家具体解读一下汽车各项参数配置。这些内容是汽车技术服务与营销专业学生必须要掌握的专业知识,在知道它的含义的基础上,能熟练说出并解释。

(1)产品整体概念

通常将产品理解为具有某种物质形状,能提供某种用途的物品,这是狭义的产品概念。而现代营销理论认为它由5个层次组成,详见图4-1。

①第一层——核心产品:顾客真正要购买的基本服务和利益。如:顾客购买汽车并不是为了买到装有发动机、变速器的大铁箱,而是为了代步方便出行或是提升生活乐趣。

②第二层——形式产品:产品的基本形式(品牌)。如:一汽奥迪A6L2011款2.0TFSI基本型、一汽大众迈腾2012款3.0FSI DSG旗舰型、上海通用别克GL82011款3.0LXT豪华商务旗舰版。

③第三层——期望产品:顾客在购买产品时,通常希望和默认的一组属性和条件。如:AT、MT、DSG、ABS+EBD、TCS、ESP。

④第四层——延伸产品或叫附加产品:产品所包含的各种保障和服务及品牌价值对顾客无形的满足感。如:很多汽车4S店提出市内免费救援服务、3年6万公里质保;奥迪和奥拓的区别不在于它的代步功能,而是给予客户的那种无形成就和满足感。

⑤第五层——潜在产品:该产品将来可能的改变。附加产品表明了产品现在的内涵,而潜在产品则表明产品可能的变化。如:世界十大车展总是要展出一些概念车、油电混合

动力车、纯电动车等。

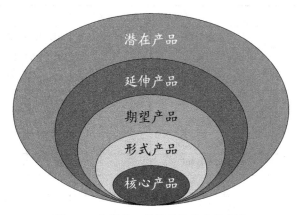

图 4-1 菲利普·科特勒整体产品概念

（2）汽车产品相关参数

汽车产品的整体概念让我们知道了产品有五个层次，在满足代步工具这个核心产品基础上，越来越多的购车族也开始非常注重汽车产品的其他四个层次：我要买德系车，还是美系车；我要买 1.6 的、2.0T 的、双离合的、CVT 的；我要导航、巡航定速、倒车影像；我看重车子的安全性和舒适性、动力性和操控性；我更注重这个代步工具动力强劲、操控舒适，也能给我身份的象征；我要 SUV；我更注重节能、环保等等，这些因素在这个互联网迅速普及的年代，被人们通过网络、论坛等载体津津乐道着。那么，讨论的这些内容都是什么意思呢。下面，就将这些参数和配置一一为大家进行诠释。

汽车产品的参数主要包括：基本参数、车身参数、发动机参数、底盘转向参数和变速箱参数和发动机特有技术等 6 大类，详见表 4-1。

表 4-1 参数分类

基本参数	车身参数	发动机参数
车型名称	座位数	排量/mL
级别	行李箱容积/L	压缩比
长×宽×高/mm	车门数	气缸数/个
轴距/mm	前轮距/mm	气门结构
最大功率/(kW/rpm)	后轮距/mm	缸体材料
最大扭矩/(N·m/rpm)	接近角/(°)	工作方式
车型级别	离去角/(°)	气缸排列形式
发动机	最小离地间隙/mm	每缸气门数/个
变速箱	车身结构	发动机型号
最高时速/(km/h)	油箱容积/L	缸盖材料
整车质保	最大爬坡度/%	供油方式
0～100km/h 加速时间/s	风阻系数	燃油标号
整备质量/kg	涉水深度/m	环保标准
工信部油耗/L	车体结构	燃料形式

续表

底盘参数	变速箱参数	发动机特有技术
前悬挂形式	变速箱类型	BLUE DIRECT
前制动器类型	挡位个数	BLUETEC
驱动方式	CVT	ECOBOOST
后悬挂形式	怀挡	HEMI
后制动器类型	手动变速箱	缸内直喷
备胎规格	双离合变速箱	VCM
助力类型	自动变速箱	可变气门
车体结构	序列变速箱	
前、后轮胎规格	挡杆位置	
前、后轮毂规格		

一、基本参数

1. 车型名称

车也有自己的名字，不同汽车制造商制造的车型名称也不一样。一般来说，它的表述是车系名称＋年代款＋排量＋变速箱类型/驱动方式＋型号名称。例如：一汽大众高尔夫（车系名称）2011 款（年代款）1.6（排量）手动（变速箱类型）时尚型（型号）；

一汽大众迈腾（车系名称）2012 款（年代款）3.0（排量）FSI（汽油直喷技术）带运动模式 6 挡手/自动一体 DSG 双离合自动变速器（变速箱类型）旗舰型（型号）；

一汽大众速腾 2012 款 1.6 手动时尚型；

上海通用别克君越 2012 款 2.0T 自动旗舰版。

2. 长、宽、高（mm）

"长×宽×高"是表示这个车大小的主要参数。一般来说，长度是指车辆最外围的数据，前后长度包含保险杠的长度，宽度不包含反光镜尺寸、高度包含行李架但是不包含天线。

车身长意味着纵向可利用空间大，前后排腿部活动空间都比较宽裕，乘坐人不会有压抑感。太长则会给转弯、调头和停车造成不便，反之亦然。

车的宽度主要影响乘坐空间和灵活性。轿车的宽度一般不会超过 2m。

车的高度直接影响车的重心和空间。一般轿车的高度不会超过 1.5m，而 SUV、MPV 的高度则在 1.6～1.8m，太高的话，可能连地下停车场都开不进去。如图 4-2 所示。

3. 轴距（mm）

就是汽车前轴中心到后轴中心的距离。即通过车辆同一侧相邻两车轮的中点，并垂直于车辆纵向对称平面的二垂线之间的距离。如图 4-3 所示。

所以，轴距长也说明这款车的内部空间会更大，乘坐时会更加舒适。当然价格肯定也不菲。比如，奥迪 A8L 的轴距 3122mm、奔驰 S600L 的轴距 3165mm、宝马 760Li 的轴距则达到 3210mm。

图 4-2　汽车的长、宽、高

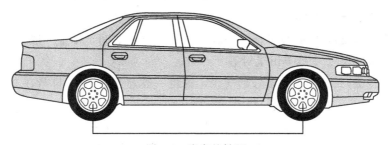

图 4-3　汽车的轴距

4. 最大功率（kW/rpm）

最大功率是指的该车可实现的最大动力输出，功率使用 kW 做单位。和最大马力数据是一个意思。功率是指物体在单位时间内所做的功。常用最大功率来描述汽车的动力性能。最大功率一般用（PS）或千瓦（kW）来表示，1PS（马力）等于 0.735kW。1kW＝1.361PS。例如：比亚迪 G62012 款 1.5T 手动尊贵型的最大功率是 113kW/5200rpm，rpm（Revolutions Per Minute，每分钟转数）说明了该种汽车在 5200rpm 的时候可以发出最大为 113kW 的功率，也就是最大马力为 154 左右。最大功率（马力）一般在高转速的时候出现。

5. 最大扭矩（N·m/rpm）

N·m 也称牛·米。扭矩是发动机性能的一个重要参数，扭矩越大，发动机输出的"劲"越大，汽车的爬坡能力，特别是起步时的加速性能就越好。但是扭矩随发动机转速的变化而不同，转速太高或太低，扭矩都不是最大，只在某个转速时或某个转速区间内才有最大扭矩，这个区间就是在标出最大扭矩时给出的转速或转速区间。最大扭矩一般出现在发动机的中、低转速的范围，随着转速的提高，扭矩反而会下降。例如，一汽大众迈腾 2012 款 3.0FSi 带运动模式 6 挡手/自动一体 DSG 双离合自动变速器旗舰型，它的最大扭矩为 310/3300，它的意思就是发动机在 3300rpm 的时候可以发出最大扭矩为 310 牛·米。

6. 车型级别

以常见的轿车为例，我国国标 GB/T 3730.1 规定了轿车按照工作容积分级：微型轿车（工作容积≤1.0）、普及型轿车（工作容积＞1.0～≤1.6）、中级轿车（工作容积＞1.6～≤2.5）、中高级轿车（工作容积＞2.5～≤4.0）、高级轿车（工作容积＞4.0）；而美国将轿车按照轴距分类，日本按照工作容积分类，德国按照车型生产平台进行分类，分成 A、B、C、D 类。现在，习惯的分类方法是将车型分为以下几种：

微型车（A00 级）：一般指轴距在 2～2.2m 之间（部分车型在此范围之外）、发动机排量小于 1L 的车型，如：奇瑞 QQ、长安奔奔等。

小型车（A0 级）：一般指轴距在 2.2～2.3m 之间（部分车型在此范围之外）、发动机排量为 1～1.3L 之间的车型。如：广汽本田飞度、上海大众 POLO。

紧凑型车（A 级）：紧凑型车轴距一般在 2.4～2.7m 之间，发动机排量一般 1.6～2.0L。如：一汽大众捷达、上海通用别克凯越等。

中级车（B 级）：中级车轴距一般在 2.5～2.8m 之间，发动机排量一般在 1.8～2.5L。如一汽大众迈腾、比亚迪 G6 等。

中高级车（C 级）：中高级车轴距一般在 2.7～2.8m 之间，排量一般为 2.5～3.0L 之间。如一汽奥迪 A6L、一汽丰田皇冠等。

豪华车（D 级）：这类车大多外形气派，轴距一般大于 2.8m，排量在 3.0L 以上的车型。如：奥迪 A8L、宝马 7 系等。

SUV：Sports Utility Vehicle，运动型多功能车，一般采用四轮驱动，离地间隙较大，在一定的程度上既有轿车的舒适性又有越野车的越野性能。如上海大众途观、一汽丰田 RAV4 等。

MPV：Multi-Purpose Vehicle，即多用途车，它集旅行车宽大乘员空间、轿车的舒适性和厢式货车的功能于一身，一般为单厢式结构。如别克 GL8、本田奥德赛等。

跑车：一般为双门式、双座或 2+2 座、顶盖为可折叠的软质顶篷或硬顶的一种车型，设计时较注重操纵性，发动机一般功率较大，加速性好。例如保时捷 911、法拉利 California 等。

根据课程需要，本教材将重点介绍小型车、紧凑型车、中级车、中高级车、豪华车、SUV 和 MPV。请大家课后根据这七种车型级别，将我国常见合资品牌（丰田、本田、尼桑、现代、起亚、大众、通用、福特）和国产品牌（比亚迪、奇瑞、吉利等）旗下车型进行分类。

7. 发动机

这里的发动机主要是指发动机技术，比如，看到参数页中这里标注的是 2.0T L4，它的含义就是直列 4 缸（L4）2.0 排量涡轮增压（2.0Turbo-Charging）发动机。3.0L V6 则表示 V 型排列 6 缸 3.0 排量自然吸气发动机。

8. 变速箱

这里的变速箱主要是指变速箱类型。一般就两种：手动（MT）和自动（AT）。

9. 最高时速（km/h）

最高车速数据以厂商官方公布的该车型最高车速为准，单位是公里/小时。

10. 整车质保

整车质保这个数据来自于厂商对外公布的该车质保周期或公里数。一般来说都是两年/6 万公里，这两个参数以先到者为标准。个别厂商会有超越这个年份和公里数的质保机制。易损坏或者老化的部件如电瓶、避震器、雨刮、橡胶、音响设备等的质保期要短一些，而不易损坏的部件如发动机缸体等的保修期要长些，还有一些部件有的汽车厂会申明免赔，如轮胎等。

11. 0～100km/h 加速时间（s）

0～100 加速（s）是车子从静止状态启动，速度升至 100km/h 所用的时间。官方 0～100 加速（s）就是厂商官方角度给出的该车型 0～100km/h 的最快加速时间，单位为秒。与之对应的是实测 0～100 加速（s）。

12. 整备质量（kg）

汽车的干质量加上冷却液和燃料（不少于油箱容量的 90%）及备用车轮和随车附件的总质量。干质量就是指仅装备有车身、全部电气设备和车辆正常行驶所需要的完整车辆的质量。

13. 工信部油耗（L）

工信部规定，从 2010 年 1 月 1 日起，将建立轻型汽车燃料消耗量公示制度，除了在工信部网站公示外，车企必须在车辆出厂前在车身上粘贴实际油耗标识，消费者对所购买车辆的油耗情况将一目了然。另外，工信部还将根据企业报送备案情况每月更新"轻型汽车燃料消耗量通告"，消费者可以登录 http：//gzly.miit.gov.cn 查看。如图 4-4 所示。

图 4-4 工信部油耗标志

二、车身参数

1. 座位数

座位数以厂商公布的该车座位数为主。一般轿车为五座：前排坐椅是两个独立的坐椅，后排坐椅一般是长条坐椅，除了个别太小的车厂商定义为 4 座车外，大部分常用轿车和 SUV 都是 5 座车。部分高端车因为中间坐椅位置放置了后排的 VIP 独立控制系统，也可能是 4 座车型。一些全尺寸 SUV 和 MPV 因为有第 3 排座，所以也是 7 座车。如图 4-5 所示。

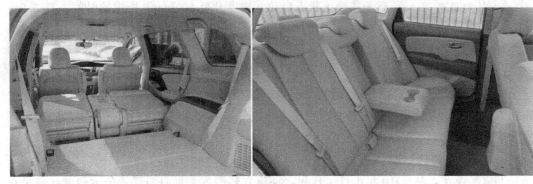

图 4-5 汽车座位数

2. 行李箱容积（L）

行李箱也称后备箱，行李箱容积的大小衡量一款车携带行李或其他备用物品多少的能力。行李箱容积一般分为单一值或者动态容积。单一容积就是一般轿车常用的数据规范。是指的不放倒后座情况下的后备箱容量。动态容积是一些敞篷车型，在车顶棚开启和关闭状态下的后备箱容积是不同的，所以厂商提供两组数据。如图 4-6 所示。

图 4-6 汽车行李箱容积

3. 车门数

一般三厢车车门个数是不含后备箱舱门的，所以一般三厢轿车车门个数定义为 4 门。

而两厢车则算 3 门或 5 门。掀背式轿车（Hatchback）、SUV 车型一般都是 5 门车型。如图 4-7 所示。

图 4-7 汽车车门数

4. 前、后轮距（mm）

汽车的轮距有前轮距和后轮距之分，前轮距是前面两个轮中心平面之间的距离，后轮距是后面两个轮中心平面之间的距离，两者可以相同，也可以有所差别。车轮的中心线是指经过车轮中心并且和车轴垂直的平面所在的直线。

5. 接近角（°）

接近角（APPROACH ANGLE）是指在汽车满载静止时，汽车前端突出点向前轮所引切线与地面的夹角。即水平面与切于前轮轮胎外缘（静载）的平面之间的最大夹角。接近角越大，汽车在上坡或进行越野行驶时，就越不容易发生"触头"事故，汽车的通过性能就越好。如图 4-8 所示。

图 4-8 汽车接近角

6. 离去角（°）

相对于接近角用在爬坡时，离去角则是适用于下坡时。车辆一路下坡，当前轮已经行驶到平地上，后轮还在坡道上时，后保险杠会不会卡在坡道上，关键就在于离去角。离去角越大，车辆就可以由越陡的坡道上下来，而不用担心后保险杠卡住动弹不得。如图4-9所示。

图 4-9　汽车离去角

7. 通过角（°）

通过角（Ramp Angle），是指在汽车空载、静止时，在汽车侧视图上分别通过前、后车轮外缘做切线交于车体下部较低部位所形成的最小锐角。它表征汽车可无碰撞地通过小丘、拱桥等障碍物的轮廓尺寸。纵向通过角越大，汽车的通过性越好。如图4-10所示。

图 4-10　汽车通过角

8. 最小离地间隙（mm）

最小离地间隙是指：汽车在满载（允许最大荷载质量）的情况下，底盘最低点距离地面的距离。轿车车身最低点一般是变速箱或者机油底壳的下方，越野车的最低点一般是前后桥的差速器。

一般来说，轿车的最小离地间隙一般在110～140mm，离地间隙越大，通过性越好，但是高速行驶的稳定性就比较差了；一般SUV车型的最小离地间隙在200～250mm。

9. 车身结构

两厢车 Hatchback（如一汽大众高尔夫、别克英朗 XT、斯柯达晶锐等）、三厢车 Sedan or Saloon（别克君越、君威、一汽大众迈腾等）、旅行车（以轿车为基础，把轿车的后备箱加高到与车顶齐平，用来增加行李空间，如大众进口迈腾旅行版、高尔夫旅行版）、硬顶敞篷车（宝马 Z4、标致 207 等）、软顶敞篷车（甲壳虫、Mini 敞篷版、Porsche Boxter 等）、跑车、MPV 、SUV。

10. 油箱容积（L）

油箱容积是厂商公布的油箱最大安全容积。微型、小型车在 35～55L 之间；紧凑型、中型车在 55～70L 之间；个别大型全尺寸 SUV，油箱容积会突破 100L。

11. 最大爬坡度（%）

最大爬坡度是指汽车满载时在良好路面上用一挡克服的最大坡度，代表汽车的爬坡能力。爬坡度用坡度的角度值（以度数表示）或以坡度起止点的高度差与其水平距离的比值（正切值）的百分数来表示。它也是衡量 SUV 和越野车性能的主要参数。JEEP 在参加各类型的车展时，总是将一辆车（大切诺基或牧马人）停在一个精艺打造的特别陡峭的坡上，以展示该车的越野和爬坡性能。如图 4-11 所示。

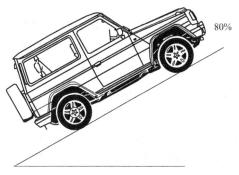

80%

图 4-11　最大爬坡度

12. 风阻系数

空气阻力系数，又称风阻系数，是计算汽车空气阻力的一个重要系数。它是通过风洞实验和下滑实验所确定的一个数学参数，用它可以计算出汽车在行驶时的空气阻力。风阻系数的大小取决于汽车的外形，风阻系数愈大，则空气阻力愈大。现代汽车的风阻系数一般在 0.3～0.5 之间。

13. 涉水深度（mm）

涉水深度指的是汽车所能通过的最深水域，也是安全深度，通常单位为毫米（mm），这是评价汽车越野通过性的重要指标之一。如：悍马 H2 能够以 6 公里的时速在 1.5m 深的水中安全行驶，或者以 8km/h 的速度从容不迫地涉水通过深达 0.5m 的溪流，也能平稳而自信地爬上 0.4m 的台阶和岩石而不会趴窝或者颠簸乘客。如图 4-12 所示。

三、发动机参数

1. 排量（mL）

是指每行程或每循环吸入或排出的流体体积。一般用 mL 来表示。发动机排量是最重要的结构参数之一，它比缸径和缸数更能代表发动机的大小，发动机的许多指标都同排气

图 4-12　汽车涉水深度

量密切相关。

2. 压缩比

气缸总容积与燃烧室容积之比称为压缩比。随着压缩比的提高，对应着发动机的性能和效率的提高。通常汽油机的压缩比为 6～10，柴油机的压缩比较高，一般为 16～22。

3. 气缸数（个）

该数据指的是每个发动机含有几个气缸。

汽车发动机常用缸数有 3、4、5、6、8、10、12 缸。排量 1L 以下的发动机常用 3 缸（如比亚迪 F0），1～2.5L 一般为 4 缸发动机，3L 左右的发动机一般为 6 缸，4L 左右为 8 缸，5.5L 以上用 12 缸发动机。按照发动机的排列方式，又可分为 W 型 12 缸发动机（如大众辉腾 W12、奥迪 A8W12）、V 型 12 缸发动机（如奔驰 S600、宝马 760）、W 型 8 缸发动机（如帕萨特 W8）、V 型 8 缸发动机（如新奥迪 A6L4.2）、水平对置 6 缸发动机（如斯巴鲁森林人）、V 型 6 缸发动机、直列 5 缸发动机和直列 4 缸发动机等。

一般来说，在同等缸径下，缸数越多，排量越大，功率越高；在同等排量下，缸数越多，缸径越小，转速可以提高，从而获得较大的提升功率。

气缸和气门数可以作为判断发动机优劣的标准之一，但不是唯一标准。比如，配备涡轮增压技术的 2.0T 4 缸发动机的功率和扭矩也能达到普通 6 缸发动机的水平。2012 款奥迪 A6L2.0TFSI 的扭矩到达了 320N·m。

4. 气门结构

单顶置凸轮轴（SOHC）或双顶置凸轮轴（DOHC），如图 4-13 所示。

5. 缸体材料

缸体材料应具有足够的强度、良好的浇铸性和切削性，且成本低，因此常用的缸体材料是铸铁、合金铸铁。但铝合金的缸体使用越来越普遍，因为铝合金缸体重量轻，导热性良好，冷却液的容量可减少。启动后，缸体很快达到工作温度，并且和铝活塞热膨胀系数完全一样，受热后间隙变化小，可减少冲击噪声和机油消耗。而且和铝合金缸盖热膨胀相同，工作时可减少冷热冲击所产生的热应力。

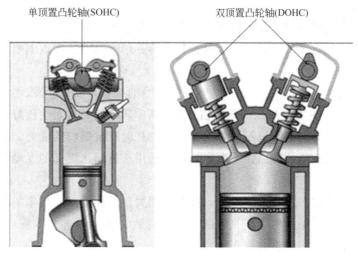

图 4-13 凸轮轴形式

6. 工作方式

工作方式是指的这款发动机的特征，分为：自然吸气、涡轮增压、机械增压和双增压。

自然吸气就是利用负压来自主把空气吸入发动机；

涡轮增压利用排气的废气推动涡轮，强制把空气压入气缸。

机械增压是发动机直接输出一个传动轴连通增压器，强制把空气压入气缸。

装用在汽车上的增压器，起初都是机械增压，在刚发明时被称为超级增压器（Super-charge）。涡轮增压发明之后，为了区别两者，起初涡轮增压器被称为 Turbo Supercharger，机械增压则被称为 Mechanical Supercharger。久而久之，两者就分别被简化为 Turbocharger 与 Supercharger 了。

双增压就是机械＋涡轮增压，顾名思义就是含有这两种增压形式的发动机。

7. 气缸排列形式

直列（L）4 缸、直列（L）5 缸、V 型 6 缸、水平对置、V 型 8 缸、W 型 8 缸、W型 12 缸等。

8. 每缸气门数（个）

每个气缸含有的进气门＋排气门的数量总和。有两气门、三气门、四气门和五气门几种。常见的是每个气缸布置有 4 个气门，4 气缸一共就是 16 个气门，在汽车发动机室里经常看到的"16V"就表示发动机共 16 个气门。

9. 发动机型号

生产厂家标注的发动机型号。例如通用 ECOTEC LLU 发动机；宝马 N20 发动机；丰田 2GR-FSE 发动机；三菱 4G69 发动机；日产 VQ35DE 发动机；大众 BWH 发动机等等。

10. 缸盖材料

气缸盖一般采用灰铸铁或合金铸铁铸成，由于铝合金的导热性好，有利于提高压缩比，所以近年来铝合金气缸盖被采用得越来越多。

11. 供油方式

发动机的工作需要燃烧混合气做功，而将燃料与进入发动机的空气混合的方式就是供油方式。汽车发动机燃油供给方式主要分为化油器、单点电喷、多点电喷和直喷。

12. 燃油标号

加油时，都知道汽油有 90、93、97、98 等标号的区分，以 93 号汽油为例，它的异辛烷比例就约占 93%，正庚烷的比例就约占 7%。其中异辛烷的抗爆性较好，而正庚烷的抗爆性较差。而所谓抗爆性指的是汽油在发动机中燃烧时抵抗爆震的能力。也就是说标号高的汽油相比标号低的汽油的抗爆性会更高，因而适用于压缩比更高的发动机。

13. 环保标准

为了抑制汽车排放有害气体的产生，并促使相关厂商注重产品技术的改进，已有许多国家制定了相关汽车环保排放标准（国际主流的有欧、美、日三大体系），其中应用最为广泛的欧洲标准也是我国借鉴的汽车排放标准。

我国从 20 世纪 80 年代初期开始采取了先易后难分阶段实施的具体方案，其具体实施至今主要分为四个阶段，也就是我们常说的国Ⅰ、国Ⅱ、国Ⅲ、国Ⅳ。目前国产和进口的车型都要满足国Ⅲ或国Ⅳ标准。

14. 燃料形式

燃料形式分为：汽油、柴油、油电混合和电动四类。

目前见到的车大多都是以汽油和柴油为燃料，而随着油价的升高以及对环境的污染，油电混合以及电动车（BEV，Battery only Electric Vehicle）开始慢慢走近我们的生活。

通常所说的油电混合动力（HEV，Hybrid Electric Vehicle），即燃料（汽油、柴油）和电能的混合。利用电动马达作为发动机的辅助动力驱动汽车。而且，辅助发动机的电动马达可以在启动的瞬间产生强大的动力，因此，车主可以享受更强劲的起步、加速。同时，还能实现较高水平的燃油经济性。

四、底盘参数

请大家在学习《汽车底盘》等相关课程时，注意观察底盘参数的结构和性能。

1. 前悬挂形式

就是指汽车的前悬挂采用什么样的机构形式，一般来说，乘用车的前悬挂绝大多数为独立悬挂，形式一般是麦弗逊式、多连杆、双横臂或双叉臂式。

2. 后悬挂形式

就是指汽车的后悬挂采用什么样的机构形式，根据车型的不同，汽车的后悬挂分为独立悬挂和非独立悬挂。独立悬挂系统是每一侧的车轮都是单独地通过弹性悬挂系统悬挂在车架或车身下面的。横臂式、纵臂式、多连杆式、烛式以及麦弗逊式悬挂系统等非独立悬挂系统的结构特点是两侧车轮由一根整体式车架相连，车轮连同车桥一起通过弹性悬挂系统悬挂在车架或车身的下面。一般来说，微型车、小型车以及紧凑型车的部分车型多采用非独立悬挂，而独立悬挂则主要应用在紧凑级以上的车型。

3. 驱动方式

乘用车的驱动方式有：前置前驱（FF）、前置后驱（FR）、前置四驱、中置后驱（MR）、中置四驱、后置后驱（RR）、后置四驱。

4．四驱结构

眼下最常见的四驱结构有：4MATIC（奔驰）、4MOTION（大众）、Dual Pump System REAL TIME 4WD（本田 CRV）、i-AWD（铃木）、quattro（奥迪）、SH-AWD（讴歌）、TOD 扭矩随选四驱（长城）、xDrive（宝马），如图 4-14 所示。新款 Jeep 有五种四驱系统名称，指南者和自由客使用 Freedom-Drive Ⅰ适时四驱系统、大切诺基 3.6 使用 Quadra-Trac Ⅱ、5.7HEMI 使用 Quadra-Drive Ⅱ全时四驱系统、牧马人 SAHARA 使用 Command-Trac、Rubicon 使用 Rock-Trac 分时四驱系统。

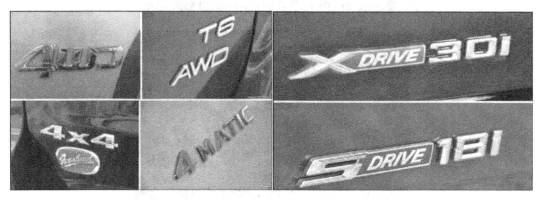

图 4-14　四驱结构

5．前、后制动器类型

前、后轮的刹车类型，一般来说汽车的刹车方式分为盘式、鼓式、通风盘和陶瓷通风盘式，现在乘用车的前刹车大多都是通风盘，只有部分低端车型采用前实心盘，而陶瓷通风盘则主要应用在高性能跑车上。

6．驻车制动

乘用车上驻车制动的操作方式可以分为手刹、脚刹和电子驻车三种。如图 4-15 所示。

7．备胎规格

一般轿车都会有一个备用轮胎，按照备胎尺寸的大小可以分为全尺寸备胎、非全尺寸备胎和无备胎。无备胎一般是车辆上安装了零压续行轮胎，或者是车辆上配有气泵和补胎剂以供临时修补。无论是何种备胎，备胎实际上是应急使用，不是长期使用的轮胎。一定要严格按照说明在规定时速以下行驶，并尽快修补好轮胎以将备胎换下。

8．助力类型

常见的助力类型有机械液压助力、电子液压助力、电动助力三种。

9．车体结构

按照车身受力情况可分为非承载式车身和承载式车身两种。承载式车身最大优点莫过于重量轻，而且重心较低，车内空间利用率也比非承载式车身结构更高，所以在家用轿车领域已经取代了非承载式车身结构。但承载式车身的抗扭刚性和承载能力相对较弱。非承载式车身又称底盘大梁架，所以在越野车和载重货车领域还是非承载式车身的天下。

10．前、后轮胎规格

前、后轮胎规格就是指汽车前、后轮胎的规格尺寸；大部分轿车的前后轮胎规格是一

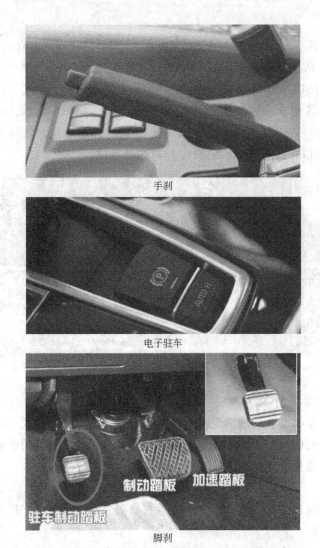

手刹

电子驻车

脚刹

图 4-15　三种驻车制动形式

样的。在少数跑车、后轮驱动等高性能车辆上，后轮胎规格要大于前轮胎规格。

国际标准的轮胎代号，以毫米为单位表示断面高度和扁平比的百分数，后面加上：轮胎类型代号，轮辋直径［英寸，1英寸（in）＝25.4毫米（mm）］，负荷指数（许用承载质量代号），许用车速代号。

例如：175/70R 14 83H M＋S 中 175 代表轮胎宽度是 175mm，70 表示轮胎断面的扁平比是 70%，即断面高度是宽度的 70%，轮辋直径是 14 英寸，负荷指数 83，也就是最大可承重 487kg。许用车速是 H 级，也就是许用时速 210km/h。M＋S：特别设计的雪泥花纹轮胎。如表 4-2 所示。

一般轮胎的制造日期通常都标示在胎壁上"DOT"的后面，为第几周（两位数）＋公元年（后两位数）的组合方式，例如 DOT「4808」，即表示在 2008 年的第 48 周生产的产品。

再如图 4-16 所示，请解释该轮胎规格。

表 4-2　常见负荷指数、许用车速一览表

负荷指数（许用承载质量代号）				许用车速代号			
83	487kg	92	630kg	F 级	80km/h	R 级	170km/h
84	500kg	93	650kg	G 级	90km/h	S 级	180km/h
85	515kg	94	670kg	J 级	100km/h	T 级	190km/h
86	530kg	95	690kg	K 级	110km/h	U 级	200km/h
87	545kg	96	710kg	L 级	120km/h	H 级	210km/h
88	560kg	97	730kg	M 级	130km/h	V 级	240km/h
89	580kg	98	750kg	N 级	140km/h	W 级	270km/h
90	600kg	99	775kg	P 级	150km/h	Y 级	300km/h
91	615kg	100	800kg	Q 级	160km/h	ZR 级	240km/h 以上

图 4-16　汽车轮胎规格

11. 前、后轮辋

轮辋俗称轮圈，是车轮周边安装轮胎的部件。一般有铝合金轮辋、钢材质轮辋。铝合金轮辋，顾名思义为铝合金材质，它与传统钢材质轮辋比，具有散热好、重量轻、精度高、更美观的特性。铸造轮辋和锻造轮辋是铝合金轮辋的两种制造工艺。如图 4-17 所示。

铝合金轮辋

钢材质轮辋

图 4-17　汽车前、后轮辋

五、变速箱参数

1. 挡位个数

手动变速箱的挡位个数多为 5 或 6 挡，而自动挡多为 4~8 挡，挡数越多，汽车对行驶条件的适应性越好，油耗越低，但变速器也越复杂，操作不便，成本也高。在变速器的挡位中，数字小的挡叫做低挡，数字越小，速比越大，牵引力也越大，车速越低。如一挡车速最低，但牵引力最大。数字大的挡叫做高挡，数字越大，速比越小，牵引力也越小，车速越高。如五挡变速器中，五挡车速最高，牵引力也最小。

2. 挡杆位置

顾名思义，变速箱换挡杆的位置。一般来说分为地排和怀排（亦称怀挡）两种，如图 4-18 所示。

地排　　　　　　　　　　　　　　　　怀排

图 4-18　汽车挡杆位置

3. 变速箱类型

手动变速箱、普通自动变速箱/普通自动变速箱带手自一体、CVT 无级变速箱/CVT带挡位的变速箱、双离合变速箱、序列变速箱。

4. 手动变速箱

也称手动挡，英文全称为 Manual Transmission，简称 MT，即用手拨动变速杆才能改变变速器内的齿轮啮合位置，改变传动比，从而达到变速的目的。踩下离合时，方可拨得动变速杆。

5. 双离合变速箱

双离合变速箱简称 DCT，英文全称为 Dual Clutch Transmission。双离合变速箱起源自赛车运动，它最早的实际应用是在 20 世纪 80 年代初的保时捷。目前常见的双离合有大众的 DSG、奥迪 S-tronic、福特的 Powershift、三菱的 SST 以及保时捷的 PDK 等。

6. 自动变速箱

自动变速箱简称 AT，全称 Auto Transmission，它是由液力变扭器、行星齿轮和液压操纵系统组成，通过液力传递和齿轮组合的方式来达到变速变矩。

7. CVT

也就是我们常说的无级变速箱，CVT（Continuously Variable Transmission），直接

翻译就是连续可变传动，顾名思义就是没有明确具体的挡位，操作上类似自动变速箱，但是速比的变化却不同于自动变速箱的跳挡过程，而是连续的，因此动力传输持续而顺畅。

8. 序列变速箱

序列变速箱（AMT）是在传统的手动齿轮式变速器基础上改进而来的；它是揉合了 AT 和 MT 两者优点的机电液一体化自动变速器；AMT 既具有普通自动变速器自动变速的优点，又保留了原手动变速器齿轮传动的效率高、成本低、结构简单、易制造的长处。

六、发动机特有技术

提升汽油发动机工作效率主要从配气和供油两个渠道，三大车系中，日韩系车以通过改变进气量以及气门的升程来优化燃料的消耗与动力的输出；德系车则注重将燃料按所需的浓度直接喷入气缸，再经过分层燃烧，以达到引擎最佳的工作效率。下面就介绍这些发动机特有技术。

1. BLUE DIRECT

这一技术的核心主要是能够在 1ms 内连续四次放电的多火花点火技术（Multi-spark ignition）和能够在一个行程内最多喷射五次燃油的压电式喷油嘴，再加上优化的缸内涡流设计，带来了混合更充分的混合气和更充分的燃烧效果，使燃料的燃烧效率进一步提高，同时达到了更高的排放标准。

BLUE DIRECT 是奔驰的第三代汽油缸内直喷技术，搭载这一技术的发动机于 2010 年正式亮相，目前该技术已经较广泛地应用于奔驰的新 V6、V8 以及直列四缸发动机上，分别安装于奔驰的 S 级、E 级以及最新的奔驰 B 级和新 ML 车型上。

2. BLUETEC

BLUETEC 技术是奔驰原创的一项基于柴油发动机的系统解决方案，以实现柴油机有害物质排放最小化，并实现高效的废气后处理。可以减少微粒以及有效降低氮氧化合物的排放，是世界上最清洁的柴油发动机技术之一。BLUETEC 是一种先进的排放后处理技术，据美国环保部门统计，柴油发动机使用 BLUETEC，降低微粒排放 98%，能降低有害气体排放 80%。

BLUETEC 技术也同样应用于商用车，由于其"有效性"和"实用性"等良好的口碑，如今已经可以应用于所有的商用车系列。目前，梅赛德斯-奔驰已经交付了 60000 多辆应用 BLUETEC 技术的卡车和公共汽车。

3. ECOBOOST

这是福特对于未来使用涡轮增压和缸内直喷两项核心技术发动机的总称。

福特 EcoBoost GTDI 发动机融合了三大关键技术的协同优势：燃油高压直喷、先进涡轮增压器和双独立可变气门正时系统。

每项技术各有所长，三大技术的整合体现了 EcoBoost 发动机设计理念，包括：

优化的发动机效率——有效提升燃油经济性 20%，同时降低二氧化碳排放 15%。

更丰富的驾驶乐趣——低转速下的强大扭矩和宽转速范围内的优异响应。

小排量带来的优势——享受传统高排量发动机的输出动力，却拥有小排量发动机体积小、重量轻和油耗低的好处。

4. HEMI

源于"hemispherical"一词的缩写，是由于发动机采用了半球形燃烧室而得名，HEMI 发动机自 20 世纪 50 年代起就已经诞生，至今已繁衍了半个多世纪。其特点是发动机气缸的进排气门采用倾斜角度布置，以更好地利用气流提升气缸的进排气效率，气缸燃烧室因此而呈半球形，这种气缸结构设计一直沿用至今。克莱斯勒旗下 Jeep 大切诺基就采用这项技术。

5. 缸内直喷

现在最先进的发动机技术，就是将燃油喷嘴安装于气缸内，直接将燃油喷入气缸内与进气混合。喷射压力也进一步提高，使燃油雾化更加细致，真正实现了精准地按比例控制喷油并与进气混合，并且消除了缸外喷射的缺点。同时，喷嘴位置、喷雾形状、进气气流控制，以及活塞顶形状等特别的设计，使油气能够在整个气缸内充分、均匀的混合，从而使燃油充分燃烧，能量转化效率更高。

除了汽油机外，蓝驱（Blue Motion）技术是以改进的 TDI 发动机技术为核心。TDI 就是英文 Turbo-charged Direct Injection 的缩写，也就是"涡轮增压柴油直喷发动机技术"的意思。大众汽车长期以来一直致力于先进柴油机技术的开发，并处于业内领先水平。

国内各厂商缸内直喷技术英文缩写：大众，SI；奥迪，FSI；梅赛德斯-奔驰，CGI；通用，SIDI；福特，GDI。

6. VCM

VCM 的全称为 Variable Cylinder Management，可变气缸技术。一般适用于多气缸大排量车型，如 V6、V8、V12 发动机，因为日常行驶，大多数情况下并不需要大功率的输出，所以大排量多气缸就显得有点浪费，于是可变气缸技术应运而生，它可以在不需要大功率的输出时，控制关闭一部分气缸，以减少燃油的消耗。

VCM 是本田公司研发的一种可变气缸管理技术，它可通过关闭个别气缸的方法，使得 3.5L V6 引擎可在 3、4、6 缸之间变化，使得引擎排量也能在 1.75～3.5L 之间变化，从而大大节省燃油。

MDS 是为克莱斯勒的 HEMI 发动机量身打造的多级可变排量控制系统，全称为 MDS-Multi-Displacement System。实质上与其他可变气缸技术如 VCM 技术一样。

7. 可变气门

可变气门正时技术几乎已成为当今发动机的标准配置，为了进一步挖掘传统内燃机的潜力，工程人员又在此基础上研发出可变气门升程技术，当二者有效的结合起来时，则为发动机在各种工况和转速下提供了更高的进、排气效率。提升动力的同时，也降低了油耗水平。

各厂商常见可变气门技术的缩写：

VVT-i 系统是丰田公司的智能可变气门正时系统的英文缩写。

本田的 i-Vtec，也是最早将可变气门升程技术发扬光大的厂商。

MIVEC 全称为"Mitsubishi Innovative Valve timing Electronic Control system"，中文解释为三菱智能可变气门正时与升程管理系统。

BMW 的 Valvetronic、Double-VANOS（双凸轮轴可变气门正时系统）。

英菲尼迪的 VVEL 系统。

奥迪的 AVS。

菲亚特的 Multiair 电控液压进气系统。

市面上的绝大部分气门正时系统都可以实现进气门正时在一定范围内的无级可调，而一部分发动机在排气门也配备了 VVT 系统，从而在进、排气门都实现了气门正时无级可调（也就是 D-VVT，双 VVT 技术），进一步优化了燃烧效率。如图 4-19 所示。

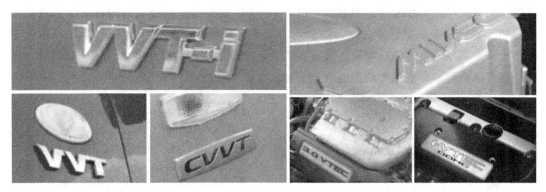

图 4-19　可变气门

8. TSI、TFSI、TDI

大众的 TSI 在国内和国外有着不一样的意思，国外是 Twincharger Stratified ion，指双增压（涡轮和机械增压）分层喷射技术。而国内的意思，T 代表涡轮增压，Si 代表燃油直喷，而不是 T 与 FSI 的简称，并没有燃油分层喷射技术，因为国内燃油质量一般，达不到分层喷射的要求。

在国内，经常会看到不同的 TSI 标志。有"TSI"全红的、也有"SI"是红的、还有只有"I"是红的。这是国产大众为了区分不同的排量而已。例如：1.8 排量为"SI"是红色的，而 2.0TSI 车型中的高配车型或者高端车型则使用全红"TSI"的标识，1.4 排量的当然只能是只有"I"是红色的了。如图 4-20 所示。

图 4-20　TSI

TFSI 发动机也是涡轮燃油直喷发动机，它可以说是 FSI 发动机和涡轮增压器的结合，即涡轮增压（Turbocharger）＋FSI。它的 T 和 TSI 中的 T 一样，表示采用涡轮增压技术，后面的 FSI 即燃油分层喷射发动机（Fuel Stratified ion），S 表示"分层次的"。TFSI 发动机既分层喷射，又有涡轮增压，是 TSI 发动机的升级版。如图 4-21 所示。

TDI 是英文 Turbo Direct ion 的缩写，意为涡轮增压直接喷射柴油发动机。为了解决 SDI（自然吸气式柴油发动机）的先天不足，人们在柴油机上加装了涡轮增压装置，使得进气压力大大增加，压缩比一般都到 10 以上，这样就可以在转速很低的情况下达到很大的扭矩，而且由于燃烧更加充分，排放物中的有害颗粒含量也大大降低。TDI 技术使燃油经由一个高压喷射器直接喷射入气缸，因为活塞顶的造型是一个凹陷式的碗状设计，燃油会在气缸内形成一股螺旋状的混合气。如图 4-22 所示。

图 4-21　TFSI　　　　　　　　　　　　　图 4-22　TDI

9. 混合动力、DM

混合动力汽车（Hybrid Electrical Vehicle，简称 HEV）是指同时装备两种动力来源——热动力源（由传统的汽油机或者柴油机产生）与电动力源（电池与电动机）的汽车。通过在混合动力汽车上使用电机，使得动力系统可以按照整车的实际运行工况要求灵活调控，而发动机保持在综合性能最佳的区域内工作，从而降低油耗与排放。而宝马的 Active Hybr 同样属于此类系统。

DM 是 Dual Mode 的缩写，是纯电动车（EV）和混合动力（HEV）相结合的技术。DM 双模电动车采用电动车系统和混合动力系统，是一种将控制发动机和电动机两种混合力量相结合的技术，实现了既可充电、又可加油的多种能量补充方式。如图 4-23 所示。

图 4-23　DM

【本节小结】

汽车基本参数、车身参数、发动机参数、汽车底盘参数、变速箱参数及发动机特有技术是解读一款车最直观的表达方式，也是帮助大家理解汽车产品整体概念最好的佐证，同时也是汽车技术服务与营销专业学生学习汽车营销知识的敲门砖。所以，要求大家能够熟练掌握这些内容，通过理解记忆这些参数，为汽车销售课程及其他后续课程的学习打下良好的基础。

第二节 汽车相关配置解读

【学习目标】

◇ 掌握汽车相关配置；

◇ 能熟练解释各配置的含义。

【学习重点】

◇ 掌握汽车安全配置、操控配置、外部配置、内部配置、汽车座椅配置、多媒体配置、玻璃/后视镜配置及高科技配置的内容及内涵。

【学习难点】

◇ 解释汽车安全配置、操控配置、外部配置、内部配置、座椅配置、多媒体配置、玻璃/后视镜配置及其他高科技配置的内容等相关术语。

【课程导入】

随着科技的不断发展，更多科技的运用使得汽车产品的配置越来越人性化，更加贴近人们行车过程的需求。曾几何时，ABS、EBD还是"香饽饽"，而现在除了几款微型车没有配备，大多数车型都配备了，成了购买汽车产品的"必配品"了。各大厂商也拼尽全力在这上面大做文章，研发更多的功能，争取更多客户的购买。当然，在座椅、车窗玻璃及多配体上等细节的考虑，在使人们越来越体会到科技给人们带来的便利的同时，也让人们体会到了品牌之间的差异。今天，就给大家介绍一下汽车上的一些配置。

一、安全配置

1. 驾驶座、副驾驶座安全气囊

驾驶座安全气囊都安装在方向盘上，早期在安全气囊刚刚普及时，一般只有驾驶员才配备有安全气囊。而随着安全气囊的重要性日益凸显，大多数车型都配备了主副驾驶安全气囊。副驾驶安全气囊是安装在汽车副驾驶座椅前方，一般是在仪表板手套箱上方。如图4-24所示。

2. 前排侧气囊

前排侧气囊一般安装在前排座椅外侧，目的是减缓侧面撞击造成的伤害。目前部分高端或者高配车型都装备了前排侧气囊。如图4-25所示。

3. 后排侧气囊

后排侧气囊是安装在后排车座上靠近窗户的一边，不同于前排侧气囊，后排侧气囊一

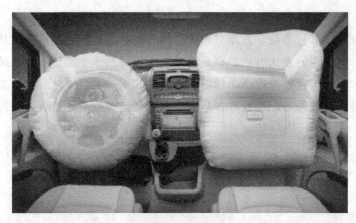

图 4-24　驾驶座、副驾驶座安全气囊

图 4-25　前排侧气囊

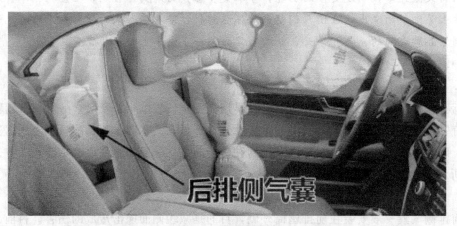

图 4-26　后排侧气囊

般只会出现在高端车型上。如图 4-26 所示。

4. 前、后排头部气囊（气帘）

头部气囊也叫侧气帘，在碰撞时弹出遮盖车窗，以达到保护乘客的效果。一般情况下，大多数的头部气囊都是前后贯通式，只有少数品牌仅有前排头部气囊。前排头部气囊通常安装在挡风玻璃两侧钢梁内侧。后排头部气囊是安装在后部车顶处的安全气囊系统，用来保护后排座椅乘客的被动安全配置。如图 4-27 所示。

图 4-27　前、后排头部气囊（气帘）

5. 膝部气囊

膝部安全气囊（KAB）是用来降低乘员在二次碰撞中车内饰对乘员膝部的伤害。有三种膝部气囊。Driver KAB：驾驶员膝部安全气囊；PASS KAB：乘员膝部安全气囊；REAR KAB：后排乘员膝部安全气囊。如图 4-28 所示。

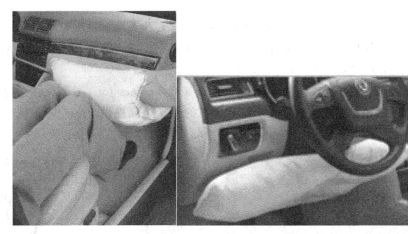

图 4-28　膝部气囊

6. 胎压监测装置

轮胎压力监测系统（TPMS），英文 Tire Pressure Monitor System。它的作用是在汽车行驶过程中对轮胎气压进行实时自动监测，并对轮胎漏气和低气压进行报警，以确保行车安全。如图 4-29 所示。

7. 安全带未系提示

当车辆探测到驾乘人员未系安全带时，先是通过仪表板上显示灯即时提示；当车速超过一定速度时转为通过声音来提醒驾驶员和前排乘客系好安全带，保障驾驶员的生命安全。如图 4-30 所示。

图 4-29　胎压监测装置

图 4-30　安全带未系提示

8. ISO FIX 儿童座椅接口

ISO FIX（International Standards Organization FIX）儿童安全座椅固定系统，是欧洲从 1990 年开始设计实施的一种针对儿童安全座椅接口的标准。该配置的特点就是具有两个与儿童座椅进行硬链接的固定接口。如图 4-31 所示。

LATCH（兼容 ISO FIX）是"Lower Anchors and Tethers for CHildren"的简称，从 2002 年 9 月 1 日开始，美国便规定几乎所有种类的轿车必须提供 LATCH 系统的儿童安全座椅固定方式。与 FIX 不同地方是比它多一个接口。如图 4-32 所示。

图 4-31　ISO FIX

图 4-32　LATCH

9. 发动机电子防盗

是针对发动机安装了一套防盗系统，汽车点火钥匙中内装有电子芯片，每个芯片内都装有固定的 ID（相当于身份识别号码），只有钥匙芯片的 ID 与发动机一侧的 ID 一致时，汽车才能启动，相反，如果不一致，汽车就会马上自动切断电路，使发动机无法启动。如图 4-33 所示。

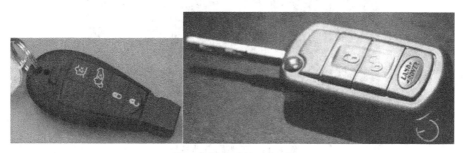

图 4-33 汽车点火钥匙

10. 车内中控锁

车内中控锁是指设在驾驶座旁边的开关，是可以同时控制全车车门关闭与开启的一种控制装置。如图 4-34 所示。

图 4-34 车内中控锁

11. 遥控钥匙

遥控钥匙是指不用把钥匙键插入锁孔中就可以远距离开门和锁门，如图 4-33 所示。它不仅装有芯片，其最大优点是：不管白天黑夜，无需探明锁孔，可以远距离、方便地进行开锁和闭锁。

12. 无钥匙启动系统

无钥匙启动采用无线射频识别技术，通过车主随身携带的智能卡里的芯片感应自动开关门锁，也就是说当走近车辆一定距离时，门锁会自动打开并解除防盗；当离开车辆时，门锁会自动锁上并进入防盗状态。一般装备有无钥匙进入系统的车辆，其车门把手上有感应按钮，同时也有钥匙孔，是以防智能卡损坏或没电时，车主仍可用普通方式开启车门。如图 4-35 所示。

13. 零胎压继续行驶

严格意义上来说，零胎压继续行驶不能算作是一项汽车配置，它只是一项配置所起的作用或是表现形式。而这项配置就叫做：防爆轮胎，如图 4-36 所示。学名叫"泄气保用轮胎"，英文缩写 RSC。充气后的轮胎胎壁是支撑车辆重量的主要部位，特别是一些扁平比（扁平比是轮胎高度与宽度的比）较大的轮胎，胎壁非常"肥厚"，"爆胎"严重时通常会导致胎壁的瞬间崩开，从而使轮胎瞬间失去支撑力，导致车辆重心立刻发生变化，特别

图 4-35 无钥匙启动按键

图 4-36 防爆轮胎

是前轮驱动车的前轮爆胎，爆胎后瞬间的重心转移很可能会令车辆失控。如果驾驶者没有爆胎后驾驶经验（大多数人都没有），可能会做到错误的驾驶动作（例如急刹车），这将导致车辆无法挽救的失控。

二、操控配置

1. ABS

"ABS"中文译为"防锁死刹车系统"，它是一种具有防滑、防锁死等优点的汽车安全控制系统。ABS是常规刹车装置基础上的改进型技术，可分机械式和电子式两种。现代汽车上大量安装防抱死制动系统，ABS既有普通制动系统的制动功能，又能防止车轮锁死，使汽车在制动状态下仍能转向，保证汽车的制动方向稳定性，防止产生侧滑和跑偏，是目前汽车上最先进、制动效果最佳的制动装置。

2. 制动力分配（EBD/CBC 等）

EBD（Electric Brakeforce Dis-tribution）实际上是 ABS 的辅助功能，是在 ABS 的控制电脑里增加一个控制软件，机械系统与 ABS 完全一致。它只是 ABS 系统的有效补充，一般和 ABS 组合使用，可以提高 ABS 的功效。CBC（Cornering Brake Control）是弯道刹车控制系统，在宝马、路虎等高档车有使用。

3. 刹车辅助（EBA/BAS/BA 等）

刹车辅助一般称为 EBA（Electronic Brake Assist）、BAS（Brake Assist System）、

BA（Baker Aid，机械制动辅助系统），它的工作原理是传感器通过分辨驾驶员踩踏板的情况，识别并判断是否引入紧急刹车程序。由此该系统能立刻激发最大的刹车压力，以达到可能的最高的刹车效果，达到理想的制动效果以制止交通事故的发生。

4. 牵引力控制（ASR/TCS/TRC 等）

ASR（Acceleration Skid Control System），加速防滑控制系统。TCS（Traction Control System），牵引力控制系统，也称 TRC（主动牵引力控制），它的作用是使汽车在各种行驶状况下都能获得最佳的牵引力。牵引力控制系统能防止车辆在雪地等湿滑路面上行驶时驱动轮的空转，使车辆能平稳地起步、加速。尤其在雪地或泥泞的路面，牵引力控制系统均能保证流畅的加速性能，防止车辆因驱动轮打滑而发生横移或甩尾。

5. 车身稳定控制（ESP/DSC/VSC/VDC/VSA 等）

ESP 全称 Electronic Stability Program。包含 ABS 及 ASR 驱动（轮）防滑系统，是这两种系统功能上的延伸。由于 ESP 名称已经被德国博世公司注册，故其他公司开发的电子稳定系统只能使用其他名称。配备 ESP 的汽车品牌有菲亚特、奥迪、标致、大众、铃木、雪铁龙、克莱斯勒、奔驰、长安福特等。DSC（Dynamic Stability Control），它的性能类似德国博世公司的 ESP，配备 DSC 的汽车品牌有捷豹、路虎、宝马、MINI、马自达等。VSC 的全称为 Vehicle Stability Control，是丰田锐志的车身稳定控制系统，丰田皇冠和雷克萨斯则配备了 VDIM（Vehicle Dynamics Integrated Management，车身动态综合管理系统）。VDC 的全称是 Vehicle Dynamic Control，是日产公司研发的汽车动态控制系统，英菲尼迪、斯巴鲁也配备了 VDC。VSA 的全称是 Vehicle Stability Assist，是本田汽车公司研发的车辆稳定性辅助系统，讴歌也配备了该系统。通用国产车型的车身稳定控制叫 ESC，现代的叫 VSM。在车上我们看到这样的标志（如图 4-37 所示），就是车身稳定控制的按键。

图 4-37 车身稳定控制按键　　　　　　　　　　　图 4-38 自动驻车键

6. 自动驻车

自动驻车英文名称为 AUTOHOLD（如图 4-38 所示），是一种自动替你拉手刹的功能，这个功能在系上安全带时，启动该功能之后，比如在停车等红绿灯的时候，右脚可以不用踩在刹车踏板上，也适应于上下坡以及频繁起步停车的时候，就不用拉手刹了，也可以称它为上坡辅助控制（Hill-start Assist Control，HAC），以防止溜车而造成事故，并且还不会让驾车者感到手忙脚乱，防止出现将油门踏板误当刹车踏板的情况发生。

7. 陡坡缓降

HDC（陡坡缓降系统），也被称为斜坡控制系统，这是一套用于下坡行驶的自动控制系统，在系统启动后，驾驶员无需踩制动踏板，车辆会自动以低速行驶，并且能够逐个对超过安全转速的车轮施加制动力，从而保证车辆平稳下坡，此时制动踏板只是用于被动防止打滑。如图 4-39 所示。

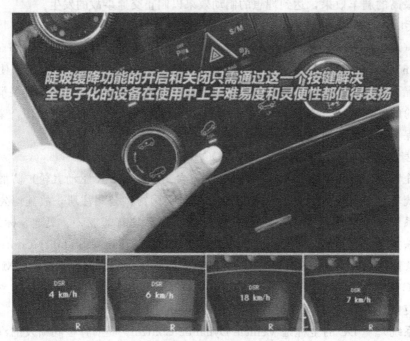

图 4-39　陡坡缓降系统

8. 可变悬挂

是指可以手动或车辆自动改变悬挂的高低或软硬来适应不同路面的行驶需求。它的技术特点：底盘可升降，应用车型广泛。技术不足：可靠性不如螺旋弹簧。应用车型：奔驰S350、奥迪 A8L、保时捷卡宴、Jeep 大切诺基等。当然还有类似的空气悬挂、电磁可调悬挂（如奥迪 TT、凯迪拉克 CTS、SLS 等）、液压可调悬挂（雪铁龙 C5 海外版、C6等）、电子液力式可变悬挂（如欧宝雅特海外版等）。如图 4-40 所示。

9. 可变转向比

可变转向比即根据汽车速度和转向角度来调整转向器传动比，当汽车开始处于停车状

图 4-40　可变悬挂按键

态，汽车速度较低或者转向角度较大时，提供小的转向器传动比；而当汽车高速行驶或者转向角度较小时，提供大的转向器传动比，从而提高汽车转向的稳定性。

不同厂家对这类系统的叫法可谓五花八门，比如宝马称之为 AFS 主动转向系统（Active Front Steering），奥迪将其称之为动态转向系统（Audi Dynamic Steering），丰田/雷克萨斯使用的则是可变齿比转向系统 VGRS（Variable Gear Ratio Steering），而奔驰的可变转向比系统则以"直接转向系统"命名。虽然功能类似，但是它们使用的技术却是截然不同的。

10. 前、后桥限滑差速器/差速锁

汽车在弯道行驶，内外两侧车轮的转速有一定的差别，外侧车轮的行驶路程长，转速也要比内部车轮的转速高，"差速器"就是用来让车轮转速产生差异的，在转弯的情况下可以使左右车轮进行合理的扭矩分配，来达到合理的转弯效果。这个时候就需要差速器来调节（几乎所有车辆都具有差速器），提高了车辆越野能力，增强车辆在非铺装路面行驶时的脱困能力。

11. 中央差速器锁止功能

奔驰 G500、雷诺科雷傲、日产奇骏带有中央差速锁或者中央限滑差速器锁止功能。驾驶者可以通过按钮来锁止车辆的中央差速器。中央差速器位于车辆前轮与后轮之间的传动轴上。

三、外部配置

1. 电动天窗

电动天窗安装于车顶，能够有效地使车内空气流通，增加新鲜空气进入。同时天窗可以开阔视野，也常用于移动摄影摄像的拍摄需求。满足电动天窗的前提是天窗必须能够电动开启。多数车的顶配一般都配有天窗。如图 4-41 所示。

图 4-41 电动天窗

2. 全景天窗

全景天窗首先面积较大，甚至是整块玻璃的车顶，坐在车中可以将上方的景象一览无余；目前较多的全景天窗为前后两块单独的玻璃，分别使得前后座位都有天窗的感受。优点是视野开阔，通风良好。缺点是成本高，车身整体刚度下降，安全系数降低。如日产天籁、索 8、别克君越、起亚 K5 等。如图 4-42 所示。

图 4-42　全景天窗

3．运动外观套件

也称车身运动套件，运动外观套件是指通过加装外部拢流装置和分流装置，以提高车辆空气动力学性能，降低空气阻力，并提高视觉冲击，运动外观套件包括了大包围、底盘包围、行李架、尾翼等。如图 4-43 所示。

图 4-43　运动外观套件

4．电动吸合门

电动吸合门就是使用电磁力将近乎闭合的车门完全闭合锁止，一般只有豪华车才装备有电动吸合门，如奔驰 S 级、宝马 7 系、奥迪 A8 等。

5．电动后备箱

电动后备箱是指后备箱采用电动方式开闭，有些车也有遥控功能。若要开启后备箱，只需按一下按钮，后备箱就会自己打开，如果要关闭后备箱，就按一下后备箱关闭按钮，后备箱就会自己关闭（不同车型按钮的位置会有所不同）。如图 4-44 所示。

6．感应式雨刷

感应式雨刷器能通过安装在前风挡的雨量传感器（如图 4-45 所示）感应雨滴的大小，自动调节雨刷运行速度，为驾驶者提供良好的视野，从而大大提高雨天驾驶的方便性和安全性。

图 4-44　位于后备箱的电动按钮

图 4-45　位于前风挡的雨量传感器

7. 氙气大灯

氙气大灯（如图 4-46 所示）的全称是 HID（High Intensity Discharge Lamp），也称气体放电灯，它利用配套电子镇流器，将汽车电池 12V 电压瞬间提升到 23kV 以上的触发电压，将氙气大灯中的氙气电离形成电弧放电并使之稳定发光，提供稳定的汽车大灯照明系统。

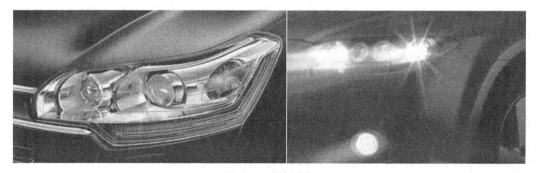

图 4-46　氙气大灯

8. LED 大灯

LED（Light Emitting Diode）大灯指的就是前大灯所有的光源均采用 LED（如图 4-47 所示）。它是一个发光二极管，是一种固态的半导体器件，它可以直接把电转化为光。特点是高亮、低热、环保、耐用。

9. 日间行车灯

日间行车灯（如图 4-48 所示）是指使车辆在白天行驶时更容易被识别的灯具，装在

图 4-47　LED 大灯

图 4-48　奥迪的日间行车灯

车身前部。也就是说这个灯具不是照明灯，不是为了使驾驶员能看清路面，而是为了让别人知道有一辆车开过来了，是属于信号灯的范畴。欧盟规定在 2011 年起新车必须安装日间行车灯。使用了 LED 技术的日间行车灯，节能效果得到进一步提升，能耗仅为普通近光灯的 10％。当汽车发动机一启动，日间行车灯则自动开启，并不断增加亮度以引起路上其他机动车、非机动车以及行人的注意。当夜晚降临，驾驶者手动打开近光灯后，日间行车灯则自动熄灭。

10. 自动头灯

自动头灯是为前大灯安装了感光控制系统（位于空调前风挡出风口附近，如图 4-49所示），中央智能控制盒根据光线传感器来判断光线亮度变化，从而控制自动点亮或熄灭头灯。当汽车行驶中光线变暗时，前大灯会自动亮起，当光线变亮时会自动熄灭。尤其是在天刚刚黑或是进入隧道的时候，很多驾驶者都忽略了头灯的开启，常常在视线非常不好的情况下才想到要开启头灯，而这一举动存在着严重安全隐患。

11. 转向头灯

转向头灯也被称之为自适应大灯（Adaptive Frontlighting System），英文简称 AFS，转向头灯能够根据行车速度、转向角度等自动调节大灯的偏转，以便能够提前照亮"未到达"的区域（如图 4-50 所示），提供全方位的安全照明，以确保驾驶员在任何时刻都拥有最佳的可见度。

一汽大众 2012 款 CC 就配备了 AFS。也有汽车厂商称之为侧向辅助照明灯，它的头灯里面设有一个特殊角度的小灯泡，只有方向盘转动到一个特定的角度范围这个小灯泡才

图 4-49　自动头灯的感光器

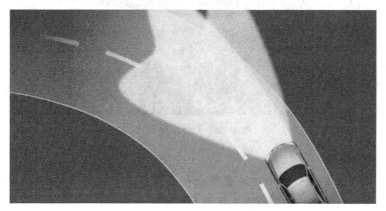

图 4-50　转向头灯照亮的范围

会点亮，当小灯泡点亮时便能提供弯道盲区的照明。

12. 前、后雾灯（如图 4-51 所示）

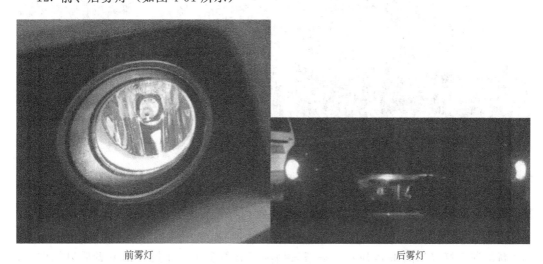

前雾灯　　　　　　　　　　　　　　　　　后雾灯

图 4-51　前、后雾灯

　　前雾灯一般安装于汽车前部比前照灯稍低的保险杠上，后雾灯一般安装于后备箱处，用于雨雾天气行车时照明道路。因为雾天能见度低，驾驶员视线受到限制。而黄色防雾灯的光穿透力强，它可提高驾驶员与周围交通参与者的能见度，使来车和行人在较远处发现对方。现在最先进的雾灯是奥迪最新研发的激光雾灯会让后车及时发现自己，它是通过在车辆尾部安装一个红色的激光发射器来实现的。

13. 大灯高度可调

大灯高度可调（如图 4-52 所示）就是说前大灯有无调节灯光照射角度的功能，通过调节大灯照射角度以便获得最佳的照射范围，从而提高道路行驶的安全性。

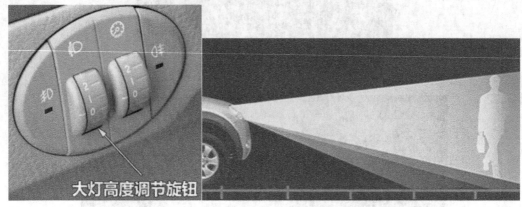

图 4-52　大灯高度可调

14. 大灯清洗装置

大灯清洗装置（如图 4-53 所示）就是说在前照灯的下方有一出水口，随时可以清洗前照灯的灰尘及污垢。本田雅阁就选配了该装置。

图 4-53　大灯清洗装置

15. 大灯延时关闭

大灯延时关闭也称为伴我回家功能，其本质就是头灯在车辆熄火后的延时关闭功能，为车主下车后提供一段时间的外部照明。汽车熄火后，前大灯仍可延时 30～90s 再熄灭。

16. 高位刹车灯

高位刹车灯（如图 4-54 所示）一般安装在后备箱盖上、车尾顶部或者后风挡内，以便后面行驶的车辆易于发现前方车辆刹车，起到防止追尾事故发生的目的。

17. 后雨刷

后雨刷就是汽车后风挡的雨刷器，后雨刷多配备在 SUV、MPV、两厢车及部分掀背

图 4-54 高位刹车灯

图 4-55 后雨刷

车上。如图 4-55 所示。

四、内部配置

1. 真皮方向盘

真皮方向盘就是指用真皮包裹装饰的方向盘。和其他材质相比，真皮更有韧性，更舒适，但价格也是比较昂贵的。方向盘表面材料还有合成塑料、皮革、铝合金和木制等。木制方向盘多安装在高档车上，有极强的质地感、环保、美观。如图 4-56 所示。

图 4-56 木制方向盘

2. 方向盘四向调节

方向盘四向调节主要是指上、下、前、后四个方向的调节。上下调节即调节方向盘的垂直距离。前后调节即调节方向盘轴线上的长短。目的是满足不同身材的驾驶者对方向盘与自身距离的需要，使驾驶员既调节了座椅与方向盘的距离而保持舒适的腿部空间，又可以保持驾驶者与方向盘距离上的舒适。一般来说，身材比较高大的人方向盘向上、向后调节，反之亦然。

在一些高档车上，方向盘的调节是通过电机来调节，只需通过调节方向盘上的调节钮，即可根据驾驶者的需要完成方向盘的调节，称它为方向盘电动调节。

3. 多功能方向盘

多功能方向盘是指在方向盘两侧或者下方设置一些功能键，包括音响控制、车载免提电话等等，还有的将巡航定速键也设置在方向盘上。如图 4-57 所示。

图 4-57　保时捷卡宴的多功能方向盘

4. 方向盘换挡

方向盘换挡是双手不离开方向盘，通过方向盘下的按钮或换挡拨片就可以进行挡位的加减变换工作。装备了方向盘换挡的自动挡车，肯定是手自一体的，因为方向盘换挡的作用就是加减挡。很多汽车拉力赛、场地赛甚至 F1 都是采用了方向盘换挡拨片，在乘用车加装该设备大大提升了驾驶乐趣。如图 4-58 中画圈处所示。

5. 定速巡航

图 4-58　方向盘换挡拨片

定速巡航用于控制汽车的定速行驶，汽车一旦被设定为巡航（CRUISE）状态时，发动机的供油量便由电脑控制，电脑会根据道路状况和汽车的行驶阻力不断地调整供油量，使汽车始终保持在所设定的车速行驶，而无需操纵油门减轻了疲劳，同时减少了不必要的车速变化，可以节省燃料。一般情况下，当驾驶者踩下刹车踏板、离合器或手动取消（CONCEL）时定速巡航会被自动解除。如图 4-59 所示。图中 RES ACCEL 代表的是在巡航中加速，比如现在时速 116km/h，按一下按键会提升到 119km/h，提高了 3km 的时速。同样，DECEL SET 键代表的是在巡航中减速。当然，不同车型的巡航定速按键位于不同的位置。图 4-59 左图是位于方向盘右端，图 4-59 右图是位于方向盘下转向灯杆的上方。

图 4-59　巡航定速按键

6. 自适应巡航

自适应巡航也可称为主动巡航（ACC，Adaptive Cruise Control），如图 4-60 所示。自适应巡航类似于传统的巡航控制，系统包括雷达传感器、数字信号处理器和控制模块。一汽大众 CC 顶配车型配备了该功能。ACC 的关键技术是雷达和目标车辆的识别和跟踪。

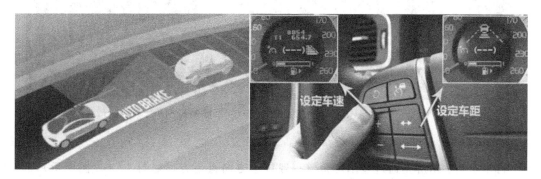

图 4-60　自适应巡航按键

在汽车启动开关键上，也看到了 ACC，这是什么意思呢？从 LOCK（锁盘）转到 ACC（ACCESSORY，附件），仅用于听音乐看 DVD，从 LOCK→ACC→ON→START（自动回到 ON），引擎点火。ACC 与 ON 的区别，就是 ACC 仅仅是给那些附件上电，例如收音机、车内氛围灯。而 ON 就会满足给发送机工作用的电。ACC 的好处在于发动机电路不上电，例如油泵灯，可以在停车等人的时候节省电力。现在很多车都没有这个选项，而是直接就到 ON 了。

7. 泊车辅助

泊车辅助也就是常说的倒车雷达系统，高档车不但在后部安装了探头，也在前部安装了探头（如图 4-61 所示），是汽车泊车或者倒车时的安全辅助装置，由超声波传感器（俗称探头）、控制器和显示器（或蜂鸣器）等部分组成。

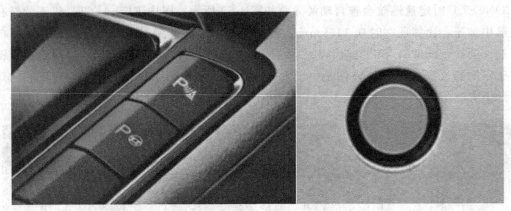

图 4-61　泊车辅助

8. 倒车视频影像

倒车视频影像就是在车尾安装了倒车摄像头，当挂入 R 挡时，该系统会自动接通位于车尾的摄像头，将车后状况显示于中控或后视镜的液晶显示屏上。如图 4-62 所示。

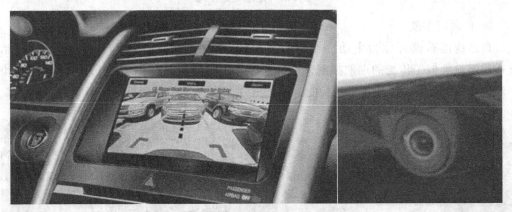

图 4-62　倒车视频影像和倒车摄像头

9. 行车电脑显示屏

行车电脑显示屏是通过显示屏幕（一般位于方向盘下方，如图 4-63 左图所示）把行车电脑的一部分数据（如图 4-63 右图所示）用屏显的方式体现出来而已。大多数行车电脑显示有平均油耗、瞬时油耗、室外温度、平均车速、驾驶时间、单次行驶里程等数据。

10. HUD 抬头数字显示

抬头数字显示仪（Heads Up Display），风窗玻璃仪表显示，又叫平视显示系统，它可以把重要的信息，映射在前风挡玻璃上的全息半镜上，使驾驶员不必低头，就能看清重要的信息。这项技术最早是运用在军用战斗机上的显示系统，后被运用到汽车上。如图 4-64 所示。

图 4-63　行车电脑显示屏

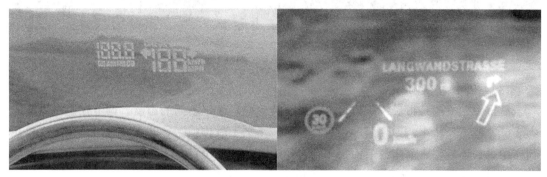

图 4-64　抬头数字显示

11. 车内氛围灯、车内阅读灯

车内氛围灯是一种起到装饰作用的照明灯，通常是红色、蓝色、绿色等，主要为了使车厢在夜晚时更加绚丽。车内阅读灯，安装在汽车内部，在驾驶座顶、后座中间顶部或是B、C柱中间都安装有，便于车内阅读之用。如图4-65所示。

车内氛围灯　　　　　　　　　　　　　　　车内阅读灯

图 4-65　车内氛围灯、车内阅读灯

12. 手动/自动空调/花粉过滤

空调有三个重要调节功能：温度、湿度和洁净度。一个完整的汽车空气调节系统是通过调节温度、湿度、风速和换气等，来达到营造车厢内舒适环境的目的。手动空调只能手动对冷/热风的温度和风量进行粗略的分级调节，不能设定车内空调的具体温度。手动空调一般通过旋钮或按键调节温度。自动恒温是变频空调的一种功能，当车内温度接近司乘人员所设定的人体舒适温度时，压缩机自动停止转动，保持温度的恒定，而当温度上升时压缩机会自动工作。花粉过滤器能有效阻止各类污染物及汽车排放的废气进入车厢内。特殊的花粉过滤器还可采用活性炭技术实现车体内有害化学物的空气污染控制。滤材采用PP熔喷、针刺、PEI或聚碳酸酯纤维等材料制成。也可根据需要将两种过滤材料复合加工成成品。如图4-66所示。

手动空调   自动空调

图4-66 手动空调、自动空调

13. 后排独立空调

后排独立空调是指后排座椅可与前排座椅一样，设定不同的温度，调节控制出风量的大小。一些高档轿车，为了照顾到后排乘客，增加了后排独立空调，其出风口位置一般在前座中央扶手后侧、前座椅下面、车顶、B柱及C柱等位置。而一般车型只是在后排配备了出风口。如图4-67所示。

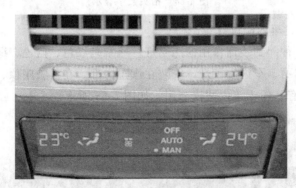

图4-67 后排独立空调

14. 温度分区控制

也称分区空调，是为了满足车内不同位置上成员对车内空气温度情况的不同要求，往往将车内空间划分为几个独立的温区，各个独立的温区可以进行不同的温度调节。原来只在高档车上才配有，现在很多中低档车也配有该功能。如图4-68所示，一般用"DUAL"或"SYNC"等英文表示。

五、座椅配置

1. 真皮座椅

所谓的真皮座椅是用真皮包裹的汽车座椅。它具有省事、耐脏、更易散热的特点，但同时也有自己的天敌——尖锐物体和酸碱液体。当然也有号称真皮，只是在臀部和背靠部使用真皮，其余全部使用人造革（仿皮）。如图4-69所示。还有一种就是简配车型当中配

图 4-68　温度分区控制

图 4-69　真皮座椅

备的织物座椅。

2. 运动座椅

运动座椅专门针对高速行驶的车身与人体动态反映而设计，因此特别将椅背及椅垫这两个部分加以强化，使人体两侧的腰部/肩部以及背部能够有良好的侧向支撑性，座椅本身的刚性也经过加强，因此能够对转弯时侧向加速度产生的离心力给予有效的抗衡，能够更准确地感受到轮胎与路面的抓地性，使驾驶人员能够对车辆进行精确的操控。如图4-70所示。

3. 座椅调节

驾驶者通过电子调节操纵或手动调节操纵将座椅调整到最佳的位置上，以获得最好视野，得到易于操纵方向盘、踏板、变速杆等其他操纵按键的便利，还可以获得最舒适和最习惯的乘坐角度。如图 4-71 所示。一般来说，手动调节只能调节座椅的上、下、前、后和靠背的前、后调节。而电动调节现在最多达到 12 项调节。它们分别是座椅整体的前、后、前上、前下、后上、后下调节；靠背的前、后；腰部支撑的上、下、前、后调节。

4. 肩部支撑调节

肩部支撑是指座椅上对人体肩部提供支撑的装置，主要是为了缓解长时间驾驶或乘坐时产生的疲劳。有些高级车上的肩部支撑可提供电动、手动和充气等多种方式的调节功能。如图 4-72 所示。

图 4-70　运动座椅

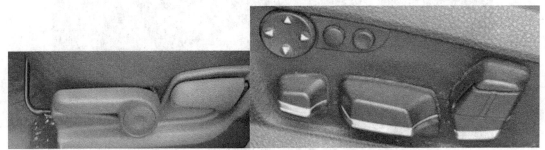

座椅手动调节　　　　　　　　　　　　　座椅电动调节

图 4-71　座椅调节

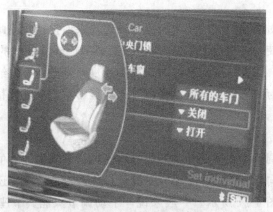

图 4-72　肩部支撑调节

5. 第二排靠背角度调节、座椅移动

第二排靠背角度调节就是指第二排座椅可以根据乘客的需求来调整靠背的角度，以调整到最佳的坐姿。第二排靠背角度调节一般装备在 SUV、MPV 和豪华车的后排。一般都装配在全尺寸 SUV 上。

第二排座椅移动是指后排座椅可以根据乘客的需求来对后排座椅进行前后移动，以使乘客调整到最佳的腿部空间，第二排座椅移动一般装备在 MPV、SUV 和 D 级车上。如图 4-73 所示。

图 4-73　第二排座椅靠背角度调节、座椅移动

座舱内的第三排座椅，有别于常见轿车中的前排座椅和后排座椅。第三排座椅一般出现在 MPV 和 SUV 上，第三排座椅是衡量其空间和多功能性的重要参数之一。

6. 后排座椅电动调节

座椅电动调节主要是指前排座椅的电动调节，而后排座椅电动调节一般配备在豪华车上，也是通过电机来调节后排座椅的靠背角度或座椅的前后移动。如图 4-74 所示。

图 4-74　后排座椅电动调节

7. 前、后排座椅加热、通风

座椅加热指座椅内的电加热装置。一般出现在选用真皮材料座椅的车辆上，由于真皮座椅表面材料在冬季温度较低，有了座椅加热后，到了冰冷的冬天，一屁股坐下去，侍候你的就不会是一个冰冷的皮椅。大多数电加热装置都有温度可调节的功能。

座椅通风分为送风式和吸风式，座椅通风的原理就是用风扇向座椅内注入空气，空气从椅面上的小孔中流出，实现通风功能。座椅通风有效改善了人体与椅面接触部分的空气流通环境，即使长时间乘坐，身体与座椅的接触面也会干爽舒适。如图 4-75 所示。

在座椅通风和加热等性能的推动下，有的车型也配备座椅按摩功能。座椅按摩一般在高档车上才有，设计者在座椅内加入气动装置，气压由发动机舱的气泵提供，座椅靠背内分别有 4 个或多个气压腔，实现对腰椎部的保护。如图 4-76 所示。

8. 后排座椅整体放倒、按比例放倒

座椅通风按键   座椅加热按键

图 4-75　前、后排座椅加热、通风

图 4-76　座椅按摩按钮

后排座椅整体放倒指后排座椅的靠背为一个整体，当拉大件物体需要更大的空间时，可以将后排的座椅靠背放倒，来获得更大的空间。后排座椅整体放倒的缺点是当将后排座椅放倒时，后排无法坐人。如图 4-77 所示。

图 4-77 后排座椅整体放倒

按比例放倒指后排座椅的靠背可以按比例放倒，相比后排座椅整体放倒，按比例放倒的灵活性更高，可以只放倒一半的靠背来放置大件物品，而未放倒的部分仍然可以坐人。常见的后排座椅放倒比例有：1/3、2/3、1/2 比例放倒。如图 4-78 所示。

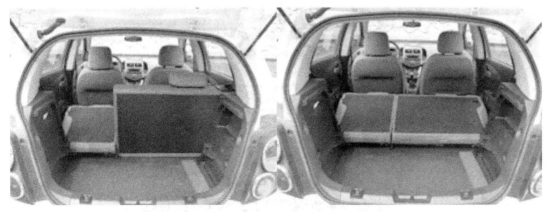

图 4-78 按比例放倒

9. 前、后座中央扶手、后排杯架

前座中央扶手位于前排座椅中间，为前排驾乘人员提供肘部支撑，而且前排中央扶手下方大多还带有杯托、存储等功能。如图 4-79 所示。

后座中央扶手位于后排座椅中间，多为可收放式，可以为后排乘客提供肘部空间。

后排杯架一般位于后座中央扶手上，而有些车型的后排杯架位于手刹后方或者前座中央扶手的后方。如图 4-80 所示。

六、多媒体配置

1. GPS 导航

通过商业通信卫星，把 GPS 应用到车辆导航上面，为汽车驾车人指路，就成为了车载导航 GPS（Global Positioning System）系统。如图 4-81 所示。

图 4-79　前中央扶手、杯架

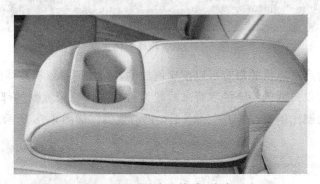

图 4-80　后排中央扶手、杯架

图 4-81　奥迪的车载 GPS 系统

2. 定位互动服务

定位互动服务是基于车载 GPS 并使用车载电话与远程呼叫中心连通提供实时交流互动服务。国内常见的有通用的安吉星（OnStar）、丰田的 G-BOOK、荣威 inkaNet、日产 CarWings 和现代 blueLink。如图 4-82 所示。

3. 中控台彩色屏

中控台彩色屏可以显示时间、温度、日期、音频等基本信息，如果车辆配备了 GPS 或者 DVD，则可以显示 GPS 的地图、播放视频画面或收看电视节目等功能。如图 4-83

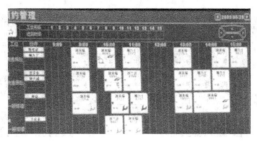

图 4-82　定位互动服务系统

图 4-83　中控台彩色屏

所以。

4. 人机互动系统

也就是人机交互系统。该系统实现了人与车之间的对话功能。车主可通过该系统，轻松把握车辆状态信息（车速、里程、当前位置、车辆保养信息等）、路况信息、定速巡航设置、蓝牙免提设置、空调及音响的设置。目前常见的人机交互系统有宝马的 iDrive、奔驰的 COMAND、奥迪的 MMI、沃尔沃的 Sensus 以及丰田的 Remote Touch。如图 4-84所示。

5. 内置硬盘

其作用不仅可以内置车载硬盘导航系统，使访问电子导航地图变得非常快捷和方便，

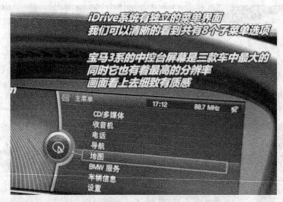

图 4-84　人机互动系统

图 4-85　人机互动系统

还能将 CD/DVD 或 MP3 上的歌曲，直接拷贝到硬盘里存储播放。如图 4-85 所示。

6. 蓝牙、车载电话

蓝牙、车载电话是专为行车安全和舒适性而设计，驾乘人员不需要线缆或电话托架便可实现通话。蓝牙车载免提系统是专为行车安全和舒适性而设计的。

7. 后排液晶屏

后排液晶屏是放置在前排座椅的头枕后部或者在前座中央扶手的后部的液晶显示屏，主要用于播放一些视频，方便后排乘客观看。如图 4-86 所示。

图 4-86　后排液晶屏

8. 外接音源接口（AUX/USB/iPod 等）

外接输入接口通过连接外接设备，比如 MP3/MP4、U 盘、移动硬盘等，即可在车载音响中播放外接设备的影音节目。目前常用的音频接口形式有：AUX、USB、存储卡、

iPod 等形式。如图 4-87 所示。

9. 单碟 CD、DVD

车上配有用以播放 CD 形式音源设备的播放系统，支持单碟播放。车上配有播放器用以播放 DVD 光盘，并且可以在中控彩色大屏观看 DVD 视频影像。

10. 虚拟多碟 CD

斯柯达明锐的部分车型就采用了虚拟多碟 CD，这种装置是使用内置闪存将多张 CD 内容存储实现多碟效果的 CD 机，也就是说可以把几张 CD 的内容拷到相应的存储闪存内，从而使用多碟连播的功能。如图 4-88 所示。

图 4-87　USB、AUX 接口

图 4-88　虚拟多碟 CD

11. 多碟 CD、DVD 系统

多碟 CD、DVD 是指车上配有用以播放 CD、DVD 形式音源设备的播放系统，可一次性放入多张 CD、DVD 的播放器，并且支持多碟播放。按 load 键、序号（1～6）键，插入 CD、DVD；按 EJECT 键、序号（1～6）键取出。如图 4-89 所示。

12. 扬声器

扬声器是一套音响系统中不可或缺的重要器材。一般包括 2～3 喇叭扬声器系统；4～5 喇叭扬声器系统；6～7 喇叭扬声器系统；≥8 喇叭扬声器系统。如图 4-90 所示。

图 4-89　多碟 CD、DVD 系统

图 4-90　扬声器

七、玻璃/后视镜配置

1. 电动车窗

装有电动车窗的车，在各个车门都装有玻璃升降开关的按钮，向上按玻璃上升，向下按玻璃下降。在驾驶员侧的车门上，有一个总开关，可以控制各个车门玻璃的升降，还可关闭全车的玻璃升降的机构（特别是有 4～5 岁孩子在车上的时候）。如图 4-91 所示。

图 4-91　电动车窗按键

2. 车窗防夹功能

车窗防夹功能是一项非常人性化的配置，电动门窗玻璃可在关闭时，遇到小阻力后会自动停止，或者改变玻璃上升行程为下降行程，从而防止夹伤。如图 4-92 所示。

图 4-92　车窗防夹功能

3. 防紫外线/隔热玻璃

通过向硅酸盐玻璃中添加氧化钛、氧化二钒等物质使玻璃吸收紫外线；隔热玻璃分XRB1、XRB3、镀膜隔热玻璃三种，三种玻璃是略带蓝绿色接近于无色的玻璃。其中XRB1 是磷酸盐吸收玻璃；XRB3 是硅酸盐吸收玻璃；镀膜隔热玻璃是隔热纳米粉体阻隔热量。如图 4-93 所示。

图 4-93　防紫外线/隔热玻璃

4. 后视镜电动调节

后视镜电动调节是指车外两侧的后视镜，在需要调节视角时驾驶员可以不必下车手动，而在车内通过电动按钮就可以调节，一般设在驾驶座车门上，一般有 8 个方向的调节：上/下、左/右、左/右上、左/右下。当然，有些车还配备了后视镜电动折叠功能。它是指汽车两侧的后视镜在必要时可以折叠收缩起来。这种功能在城市路边停车时特别有用，后视镜折叠后能节省很大的空间，特别是走在密集的城市街道，有时只差一个后视镜的距离就能通过，有了它，就可避免自己的爱车受"断耳"之痛。如图 4-94 所示。

图 4-94 后视镜电动调节和折叠按键

5. 后视镜加热

后视镜加热是指当汽车在雨、雪、雾等天气行驶时，后视镜可以通过镶嵌于镜片后的电热丝加热，确保镜片表面清晰。

车主打开后视镜电加热功能，电热片会在几分钟内迅速加热至一个固定的温度，一般在 35～60℃之间，从而起到对镜片加热，除雾除霜的效果，给司机带来极大的方便。如图 4-95 所示。

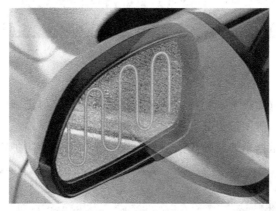

图 4-95 后视镜加热原理图

6. 后视镜自动防眩目

夜间行车最大的安全隐患就是视线问题，不仅是因为天黑光线不好，而且各向来车的大灯对行驶安全也有影响；遇上不规矩的司机在后方长期开着远光灯行驶，车内后视镜直接将强光反射入了眼睛，俗称"晃眼"，刺眼的强光直接影响到行车的安全，为了减小危险的发生，后视镜防眩目功能应运而生。如图 4-96 所示。

7. 后视镜记忆

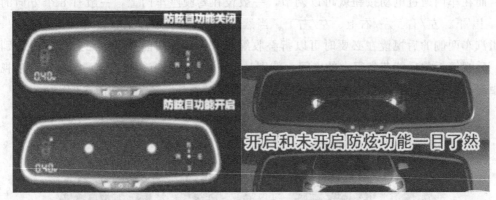

图 4-96　后视镜自动防眩目

　　后视镜的镜面调节设计与驾驶员座椅、方向盘、后视镜构成一个系统，每个驾驶员可根据个人身高与驾驶习惯的不同来调节后视镜的最佳视角，座椅、方向盘最佳舒适性，然后进行记忆储存。如图 4-97 所示。

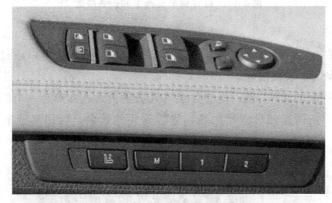

图 4-97　后视镜记忆按键

8. 后风挡遮阳帘、后排侧遮阳帘

　　奥迪旗下车型多数配备了该功能，它是为阻挡从车后照射进来的紫外线而放置于车后窗上的防护帘。后风挡遮阳帘也分为手动和电动两种。

　　后排侧遮阳帘是阻挡车外紫外线照射而放置于车门侧窗的防护帘。如图 4-98 所示。

图 4-98　后风挡遮阳帘、后排侧遮阳帘

9. 遮阳板化妆镜

遮阳板化妆镜是指在驾驶员和副驾驶员头部前方的遮阳板里安装的化妆镜。如图4-99所示。

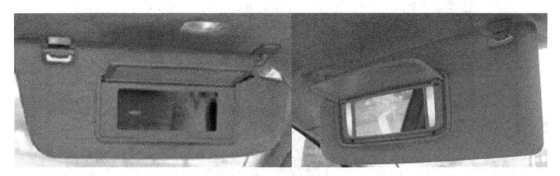

图 4-99 遮阳板化妆镜

八、高科技配置

1. 发动机远程启动

通过遥控钥匙来远程启动发动机。该方式同样可以达到提升驾驶室温度的作用。该功能在国外非常常见，在寒冷地区的使用率也颇高，但由于国内大多地区并不处于寒带，为节省成本此功能没有被广泛采用。如图 4-100 所示。

图 4-100 发动机远程启动遥控钥匙

2. 自动泊车入位

自动泊车入位就是系统能够自动帮你将车辆停入车位，对于新手来说是一项相当便捷的配置。如图 4-101 所示。

3. 并线辅助

由于车身设计的缘故，反光镜所能提供给我们的视觉范围总会有一些盲区存在，驾驶员的头部又不能总是扭来扭去，这样会反而更加增大了行车危险。也可以称为盲区监测，这一装置的形式是在左右两个后视镜内或者其他地方加设一些装置来提醒驾驶者后方有来车。Volvo 的 BLIS（盲点信息系统）是加设摄像头，AUDI 的 ASA（侧向辅助系统）是加设小灯。如图 4-102 所示。

图 4-101　自动泊车入位

Volvo的BLIS　　　　　　　　　　　　　　　　　AUDI的ASA

图 4-102　并线辅助

4. 疲劳监测系统

比亚迪 G6 装备的疲劳监测系统被称为"疲劳驾驶预警系统（BAWS）"，它是基于驾驶员生理图像反应，由 ECU 和摄像头两大模块组成，利用驾驶员的面部特征、眼部信号、头部运动性等推断驾驶员的疲劳状态，并进行报警提示和采取相应措施的装置。如图 4-103 所示。

5. 夜视系统

目前汽车夜视系统主要使用的是热成像技术，也被称为红外线成像技术。人类、动物和行驶的车辆与周围环境相比散发的热量要多。夜视系统就能收集这些信息，然后转变成可视的图像，把本来在夜间看不清的物体清楚地呈现在眼前，增加夜间行车的安全性。如图 4-104 所示。

6. 中控台液晶屏分屏显示

图 4-103　比亚迪 G6 的 BAWS

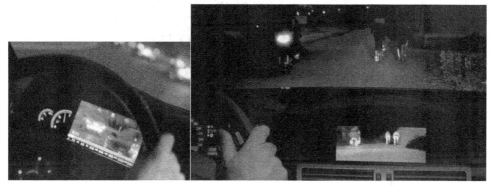

图 4-104　夜视系统

　　通过在同一屏幕发射两个视频信号，同时根据驾驶者与乘客的角度不同，配备不同的滤镜，可以将其中的一个信号过滤掉，来达到在某一位置显示一个画面的效果。而且这 2 幅画面的方向性比较强，这样不同座位上的人才可以各取所需，互不干扰。目前采用这项技术的仅有奔驰、路虎等高端车。如图 4-105 所示。

图 4-105　中控台液晶屏分屏显示

7. 全景摄像头

全景摄像头与普通倒车影像系统相比，其核心在于在车头、车侧增加了多个摄像头，通过车载显示屏幕可观看汽车四周 360°全景融合，超宽视角，无缝拼接的适时图像信息（鸟瞰图像），了解车辆周边视线盲区，帮助汽车驾驶员更为直观、更为安全地停泊车辆。

景物通过镜头生成的光学图像投射到图像传感器表面上，然后转为电信号，经过模数转换装置转换后变为数字图像信号，再送到数字信号处理芯片中加工处理，之后通过 USB 接口回传给图像处理单元。在图像处理单元中，电脑将对它们进行变形、拼接处理，从而形成一张从车顶鸟瞰的俯视图。这样独特的视角可以很好地帮助缺乏"车感"的驾驶员去理解自己的走向和位置。如图 4-106 所示。

图 4-106　全景摄像头

8. 空气悬挂

空气悬挂的基本技术方案主要包括内部装有压缩空气的空气弹簧和阻尼可变的减震器两部分。与传统钢制汽车悬挂系统相比较，空气悬挂具有很多优势，最重要的一点就是弹簧的弹性系数也就是弹簧的软硬能根据需要自动调节。例如，高速行驶时悬挂可以变硬，以提高车身稳定性，长时间低速行驶时，控制单元会认为正在经过颠簸路面，以悬挂变软来提高减震舒适性。

9. 刹车优先

刹车优先系统（Brake Override System BOS），驾驶员踩下制动踏板，无论油门信号是怎样，供油系统迅速把油减少到最小，发动机随即降为怠速模式。

10. 电子限速

电子限速的作用是限制车速过高，防止因车速过快造成事故。电子限速器可以实时监测车辆的速度，当车速达到一定值的时候，它就会控制供油系统和发动机的转速，这时即使踏下油门踏板，供油系统也不会供油。

11. 城市安全系统

城市安全系统（City Safety）是由沃尔沃汽车公司在 2010 年推出的一项汽车防撞技术，是能够实现自动刹车的主动安全科技。城市安全系统作为一项最新的主动安全技术，能够及时地对车型进行控制，从而帮助司机避免城市交通常见的低速行驶时的追尾事故，大大减少维修车辆的时间与成本，降低人员伤亡率。如图 4-107 所示。

图 4-107　城市安全系统

【本节小结】

解读汽车专业术语是汽车销售顾问向客户介绍汽车时使用的标准语言，通过专业知识的学习和现场的实际感受，要将它牢记于心，能用自己的话表述清楚。在后期课程中，绕车介绍则是学习这些专业术语的最终目的。这也是汽车技术服务与营销专业的学生三大基本技能之一。

第三节　汽车按键解读

【学习目标】

◇ 掌握汽车内常见仪表指示灯的含义；

◇ 能熟练解释汽车内各功能按键的含义。

【学习重点】

◇ 汽车内常见仪表指示灯的含义。

【学习难点】

◇ 解释汽车内各功能按键的含义。

【课程导入】

高科技的不断发展，使得车内功能按键越来越多，那么它们都有着什么样的含义呢？在熟悉了汽车各项参数和配置的含义后，汽车内按键的功能和仪表盘指示灯的含义也是非常重要的知识点。因为这些按键在汽车产品介绍时，非常直观地展现在客户眼前，正确回答并解释是增加客户购车意愿非常重要的一环。而仪表盘指示灯，则是整车性能的一个整体展现，熟悉它的含义至关重要。也是将来做好汽车销售顾问和售后服务顾问非常重要的理论知识点。

一、车内仪表盘指示灯的含义

1. ABS 指示灯

ABS 指示灯是用来显示车辆的 ABS 工作状况。当打开钥匙门后，车辆自检开始时，ABS 指示灯会点亮数秒，随后自动熄灭。如果 ABS 指示灯未闪亮或者车辆启动后仍不熄灭，表明该车 ABS 出现故障，得抓紧时间去 4S 店检查和维修。如图 4-108 所示。

图 4-108　ABS 指示灯

2. EPC 指示灯

EPC 全称发动机电子稳定系统，该指示灯常亮代表发动机以及电子系统出现了故障，如在点火后或行驶过程中该灯常亮不灭或闪动，则代表管理系统检测到了发动机或是电子系统的故障，请立即与服务站联系。如图 4-109 所示。

图 4-109　EPC 指示灯

3. O/D 挡指示灯

O/D 挡指示灯用来显示自动挡的 O/D 挡（Over-Drive）超速挡的工作状态，当 O/D 挡指示灯闪亮，说明 O/D 挡已锁止。此时加速能力获得提升，但会增加油耗。如图 4-110 所示。

图 4-110　O/D 挡指示灯

4. 安全带指示灯

该指示灯用来显示安全带是否处于锁止状态，当该灯点亮时，说明安全带没有及时扣紧。有些车型会有相应的提示音，不系安全带，就一直叫，直到当安全带被及时扣紧后，该指示灯自动熄灭，也停止了提示音，增加了驾驶员行车过程中的安全性。如图 4-111 所示。

图 4-111　安全带指示灯

5. 电瓶指示灯

该指示灯用来显示电瓶使用状态。打开钥匙门，车辆开始自检时，该指示灯点亮。启动后自动熄灭。如果启动后电瓶指示灯常亮，说明该电瓶出现了使用问题，需要更换。如图 4-112 所示。

图 4-112　电瓶指示灯

6. 机油指示灯

该指示灯用来显示发动机内机油的压力状况。打开钥匙门，车辆开始自检时，指示灯点亮，启动后熄灭。该指示灯常亮，说明该车发动机机油压力低于规定标准，需要维修。如图 4-113 所示。

图 4-113　机油指示灯

7. 油量指示灯

该指示灯用来显示车辆内储油量的多少，当钥匙门打开，车辆进行自检时，该油亮指示灯会短时间点亮，随后熄灭。如启动后该指示灯点亮，则说明车内油量已不足，有的车型在说明书中也提到该灯亮起，剩余油量不足 6～8L，也就是还能跑 50～80km 左右，得抓紧时间加油。如图 4-114 所示。

图 4-114　油量指示灯

8. 安全气囊指示灯

该指示灯用来显示安全气囊的工作状态，当打开钥匙门，车辆开始自检时，该指示灯自动点亮数秒后熄灭，如果常亮，则安全气囊出现故障。如图 4-115 所示。

图 4-115　安全气囊指示灯

9. 车门指示灯

该指示灯用来显示车辆各车门状况，任意车门未关上，或者未关好，该指示灯都点亮相应的车门指示灯，提示车主车门未关好，当车门关闭或关好时，相应车门指示灯熄灭。如图 4-116 所示。

10. 刹车盘指示灯

图 4-116　车门指示灯

　　该指示灯是用来显示车辆刹车盘磨损的状况。一般，该指示灯为熄灭状态，当刹车盘出现故障或磨损过度时，该灯点亮，修复后熄灭。如图 4-117 所示。

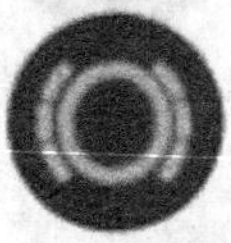

图 4-117　刹车盘指示灯

　　11. 手刹指示灯

　　该指示灯用来显示车辆手刹的状态，平时为熄灭状态。当手刹被拉起后，该指示灯自动点亮。手刹被放下时，该指示灯自动熄灭。有的车型在行驶中未放下手刹会伴随有警告音。如图 4-118 所示。

图 4-118　手刹指示灯

　　12. 水温指示灯

　　该指示灯用来显示发动机内冷却液的温度，钥匙门打开，车辆自检时，会点亮数秒，后熄灭。水温指示灯常亮，说明冷却液温度超过规定值，需立刻暂停行驶。水温正常后熄灭。如图 4-119 所示。

图 4-119　水温指示灯

　　13. 发动机指示灯

　　该指示灯用来显示车辆发动机的工作状况，当打开钥匙门时，车辆自检时，该指示灯点亮后自动熄灭，如常亮则说明车辆的发动机出现了机械故障，需要维修。如图 4-120 所示。

图 4-120　发动机指示灯

　　14. 远光指示灯

　　该指示灯是用来显示车辆远光灯的状态。通常的情况下该指示灯为熄灭状态。当车主点亮远光灯时，该指示灯会同时点亮，以提示车主，车辆的远光灯处于开启状态，夜间行驶时，开远光灯影响了对面车辆的行驶，所以，也提醒驾驶员及时变更远近光灯。如图 4-121 所示。

图 4-121 远光指示灯

15. 示宽灯、日间行车灯

该指示灯是用来显示车辆示宽灯的工作状态，平时为熄灭状态，当示宽灯打开时，该指示灯随即点亮。当示宽灯关闭或者关闭示宽灯打开大灯时，该指示灯自动熄灭。如图 4-122左图所示。日间行车灯开启如图 4-122 右图所示。

图 4-122 示宽灯

16. 前、后雾灯

该指示灯是用来显示前、后雾灯的工作状况，当前、后雾灯点亮时，该指示灯相应的标志就会点亮。关闭雾灯后，相应的指示灯熄灭。如图 4-123 所示，左侧前雾灯，右侧后雾灯。

图 4-123 前、后雾灯

17. TCS 指示灯、ESP 指示灯

该指示灯是用来显示车辆 TCS（牵引力控制系统）的工作状态，多出现在日系车上。当该指示灯点亮时，说明 TCS 系统已被关闭，有的车型显示的是 ESP。如图 4-124 所示。

18. 胎压监测灯（如图 4-125 所示）

图 4-124 TCS、ESP 指示灯　　　　　　　图 4-125 胎压监测灯

二、车内按键的含义

车内功能键形形色色，车内都有哪些按键呢？请对照以下功能按键在车里找到它相应的位置。

（1）🌀 空调鼓风机速度控制按键

（2） 前除雾器按键

（3） Auto 自动空调按键

（4） TEMP 驾驶员侧空调温度控制

（5） 安全警示灯开关

（6） 空调 ON/OFF 按键

（7） 后窗除雾器按键

（8） EJECT 按键、CD 出碟（弹出）按键

（9） 收音机电台/CD 碟片选择键

（10） AM、FM 选择按键

（11） VOL 电源开关/音量控制

（12） DISC（光盘）按键

（13） Clock 显示时钟

（14） AUTO.P（自动预设）按键

（15） Return、Back（返回）按键

（16） 空气内循环按键

（17） 通风模式选择按键

（18） 副驾驶侧温度控制钮

（19） DUAL、SYNC 双温控制按键

（20） 外界空气循环按键

（21） LOAD（CD 装载）

（22） AUX（外接音源）按键

（23） BAND 收音机波段按键

（24） AUX IN（系统声音输入）

（25） FF（快进）/TRACK 曲目按键、Skip 跳跃按键

（26） REW（快退）/SEEK 按键

（27） REPEAT（重复）按键

（28） SET、CONFIG（设置）按键

（29） AUDIO、SRCE 音频（源）切换、控制按键

（30） SUB-T 键（光碟所支持的字幕语言依次切换显示）

（31） TITLE（主题键） 在播放 DVD 的时候，按此键显示正在播放的碟片的标题菜单。

（32） DISP（显示信息键） 播放支持显示碟片信息的 DVD 碟片时，点击此键显示当前碟片的播放时间标题剩余时间、章节时间、章节剩余时间等信息，再次点击此键关闭

显示。

（33）MENU（菜单键） 点击此键显示 DVD 碟片根菜单，用户通过该菜单可执行选择、播放等操作。

（34）DEST：设定目的地

（35）MAP：显示当前地图

（36）ZOOM OUT：地图放大

（37）ZOOM IN：地图缩小

（38）ROUTE：导航路线调整（其中的查找快捷路线功能能协同适时交通信息进行最便捷的交通指引）

（39）Folder 文件夹条形键

（40）Scan 自动扫描电台按键

（41）AUTO HOLD 自动定车功能键

（42）KESSY（无钥匙进入）启动/停机按键

（43）P（Park Pilot）驻车距离警报系统

（44）智能泊车辅助按键

（45）电子驻车按键

（46）车内灯或顶灯、关闭车内灯、阅读灯

（47）后风窗遮阳帘按键

（48）FAV 收藏按键

（49）Tune 调协旋钮

（50）MUTE 静音按钮

（51）Tone 音调按键

（52）Select 选择按键

（53）行李箱开启/关闭按键

【本节小结】

本节总结了一汽大众迈腾、上海通用别克君越、广汽本田雅阁、东风日产天籁等典型中级车的车内按键及其功能。配置都差不太多，功能也差不太多，只是所在的位置有所差异，希望读者能举一反三，掌握以上这些按键的功能，为日后深入了解汽车产品打下良好基础。

思考与练习

1. 以大众迈腾、本田雅阁、日产天籁为例说明车上按键的具体含义。

2. 同样是中型车的雅阁和天籁，为什么有些客户选择雅阁，而有些客户选择天籁呢。除了价格等客观因素以外，它们本身之间的差异也是非常重要的因素。那么它们之间除了品牌还有什么差异呢？

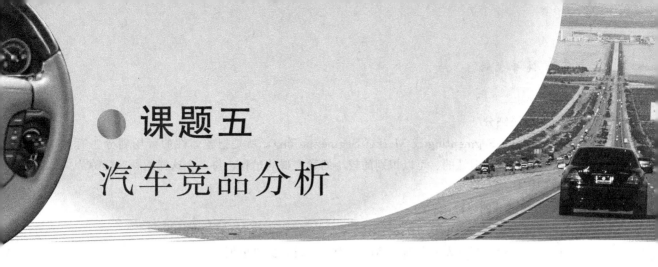

课题五
汽车竞品分析

第一节　汽车市场细分

【学习目标】

◇ 掌握以车型和国内常见汽车品牌为变量的汽车市场细分图，并能熟练说出各个细分市场都有哪些品牌。

【学习重点】

◇ 市场细分的概念；

◇ 汽车市场细分图。

【学习难点】

◇ 能熟练说出各细分市场包含的汽车品牌、它们的价格及基本参数。

【课程导入】

在北京亚运村交易市场 2003 年 9 月 8 日至 14 日的单一品牌销售量排行榜上，奇瑞 QQ 以 227 辆的绝对优势荣登榜首！奇瑞 QQ 能在这么短的时间内拔得头筹，归结为一句话：这车太酷了，讨人喜欢。

"奇瑞 QQ"虽然车价只是 5 万元，但是"奇瑞 QQ"那艳丽的颜色，玲珑的身段，俏皮的大眼睛，邻家小女孩般可人的笑脸，在滚滚车流中是那么显眼，好像街道就是它的 T 型台。

请思考：奇瑞 QQ 为什么会取得经营成功？

QQ 的成功可以归结于两点：一是通过市场细分找到了自己的目标市场；二是通过分析目标市场发现了消费者的需求，对 QQ 进行了准确的产品定位。

当今社会汽车市场竞争十分激烈，消费者的需求千差万别，企业无法在整个市场上为所有用户服务，应该在市场细分的基础上选择对本企业最有吸引力并能有效占领的那部分市场为目标，并制定相应的产品计划和营销计划为其服务，这样企业就可以把有限的资源、人力、财力用到能产生最大效益的地方上。

对汽车行业而言，一个汽车生产或销售企业开展营销时，面对的是一个十分复杂的市场，这个市场中的消费者由于收入、爱好、生活习惯等因素的不同，对提供的汽车商品和服务也就有不同的要求，企业只有选择其中某一部分需求与爱好加以满足，才是上策。比如在我国，即使像一汽、东风两大汽车企业集团，目前也没有能力在整个汽车市场上都争取到优势地位。

一、市场细分

市场细分（Segmenting 或 Market Segmentation），就是把整体性的市场划分为有意义的、具有较强相似性的、可以识别的较小的顾客群的过程。每一个这样的顾客群称为一个细分的市场。

1. 市场细分的目的

市场细分具有三个主要目的：

（1）当企业研制开发一种新产品时，为产品设计提供依据；

（2）当企业准备把某种已在经营的产品打入新产品市场时，为选择新市场和制定相应的策略提供依据；

（3）当企业现有市场出现竞争或经营出现问题时，为探察市场变化，为制定新策略提供依据。

2. 市场细分的原则

实际上，每一个顾客与另一个顾客都有所不同，因此，每个市场都可以无限地细分下去，直到把每一个顾客都看做是一个细分市场为止。显然，把市场看做是一个无差异的整体，或是把市场细分为每一个个体，都是对待市场的极端态度。市场细分的任务就是要在两种极端之中寻找一种折中。它应遵循这样五个原则：

（1）可度量性。经过市场细分后，每一个市场的规模、购买潜力等是可以度量的。例如，在家电产品中，彩电销售量每年 2000 万台，年增长率为 12％。

（2）可盈利性。相对企业规模来说，细分市场应有一定的规模，有足够的利润吸引企业在这个市场上经营，值得企业为该市场制定专门的战略、策略和为此投入资源。如果每个细分市场中的收入都不足以弥补未开发这个市场所付出的成本，也不能在多个细分市场经营中获得联合优势，那么这个细分过程就没有意义。

（3）可进入性。发现一个细分市场，但并不能为这个市场提供有效的服务，那么这种细分也没有太大的意义。例如，在每个居民区中，都有睡得很晚的人，但由于这些人并不是经常晚睡，而且人数很少，因此，为这些人提供夜宵，虽然是一个好的想法，但较难操作。在南方，由于晚睡是一种习惯，所以直到凌晨，大排档还在营业。

（4）可识别性。各个细分市场在概念上应当是可以区分的，并且应当对市场营销者的营销策略具有不同的反应。这样才能使营销者和细分市场建立起有效的联系。

（5）可行动性。市场细分工作应当是有管理意义的。在理论上，可以按地理范围把世界市场分为亚洲市场、北美市场和欧洲市场等。但对一家刚刚起步的酒店企业，这种细分并没有意义，因为这家酒店企业远远没有达到要进入国际市场的程度。

3. 市场细分的程序

实际上，每个人都有市场细分的经验，买西装要到大商场，买袜子则随便哪家小百货都可以。所以，谈及市场细分都比较容易理解，但真正要大家为某种产品如彩电进行市场细分，可就不像想象的那么容易。有些产品市场比较容易细分，有些产品则要困难得多。一般地，市场细分应遵循如下五个步骤：

（1）选择准备研究的市场或产品范畴。市场细分可能是企业已经为其提供产品和服务的，也可能包括企业正准备开发的；产品可能是企业已在营销的，也可能是正在开发准备投入市场的，还可能包括更为广泛的相关产品。范畴的确定视企业市场细分的目的而定。

（2）探察确定市场细分原则。这个阶段也称为尝试性调查阶段。目的是探察可能影响顾客购买决策的因素。调查方法主要是开放性地面谈。将所有的可能的影响因素收集起来后，市场研究人员根据直觉、创造力和市场认识，从中选择较为重要的因素作为进一步深入、定量调查的变量。

（3）正式调查。根据已确定的变量设计正式的调查问卷，设计抽样样本，开展正式调查。

（4）统计与预测分析。对正式调查的问卷进行分析。一方面要找出各个细分市场之间的差别，主要方法是因子分析和聚类分析；一方面是要预测各个细分市场的潜力。

（5）描绘细分市场轮廓。应当包括细分市场的规模、增长潜力、品牌状况、潜在利润等，还应当包括各种变量，如个性变量、心里变量、社会变量、文化变量、顾客决策行为等在各个细分市场中的重要性和影响方式。之后，要为每个细分市场用最显著的差异进行命名。

实际上，最显著的差异就是一级细分，次显著的差异就是二级细分，以此类推。彩电等大件耐用消费品，品牌经常是一级细分变量（或标准），功能是二级细分变量；而工业设备，功能则常常是一级细分变量，价格则是二级细分变量，品牌再次之。

4. 市场细分的主要变量

从市场细分的程序中可以看出，确定细分变量是非常重要的一环。细分变量使用得较多，会增加访问调查的时间和难度；在统计分析时也会淹没主要变量的差异，降低市场细分的效度和信度。细分变量使用过少，虽然可以避免上述问题，但也会造成遗失主要变量的大错。所以正确选择细分变量无论对消费者市场细分还是经营者市场细分都非常重要。消费者市场细分变量的选择与使用，基本分为两种方法。

（1）个性特征细分法。即以消费者个性特征来细分，如地理、年龄、职业等个人特征，知觉、动机、价值观念等心理特征，相关群体、家庭等社会特征，亚文化、社会阶层等文化特征。然后再进一步考察用这些个性特征细分后的各个细分市场中的消费者购买决策行为（反应）是否有所不同。例如教师、工人、经理等在购买某种产品时是否选择不同的商场、不同的数量以及不同的品牌等。

（2）消费者的决策行为细分法。即首先以消费者的决策行为（反应）来细分，然后再考察各个细分市场消费者个人的特征方面的异同。例如，研究人员可能会对那些在购买摩托车时比较看重"质量"的消费者进行研究，看他们在地理分布、人口统计分布和心理特征方面是否具有共性或差异。

二、目标市场选择

1. 目标市场的概念

目标市场（Target Market），就是市场营销者准备通过为之提供产品和服务满足其需要和欲望的细分市场。目标市场选择（Targeting）就是在诸多市场中选择最为合适的细分市场作为目标市场的过程。

市场营销者之所以要选择目标市场，主要有三个原因：

首先，市场无限而企业能力有限，企业只能将有限的能力服务于有限的市场。这是之所以要进行目标市场选择的根本前提。

其次，由顾客所有需求所构成的总体市场的确可以根据需要、购买力、产品、地理、购买行为方式等加以细分为各具特点的细分市场。这是目标市场选择决策的基础。

再次，顾客对满意的要求越来越高，而竞争的压力也越来越大，企业不得不集中资源在有限的目标市场中作战。这是顾客和竞争者对企业目标市场选择决策的最新挑战。

2. 目标市场选择决策的影响因素

（1）细分市场的规模和潜力。拟作为目标市场的细分市场必须是规模适当和有开发潜力的。因此，必须首先要对各个细分市场的规模和潜力进行评估。

为此，要在描绘各个细分市场轮廓（细分市场中顾客的特征）的基础上，运用市场调查与预测的方法，测算细分市场目前的规模（如购买数量、购买金额）和未来战略规划期内的增长潜力。

细分市场的规模要适当，即应当与企业的实力相匹配。大企业可能对小的细分市场不屑一顾，而小企业则不宜进入较大的细分市场，以避免同大企业正面冲突。

理想的细分市场应当具有潜力，即它是可以开发的，这样就为选择这一细分市场的企业提供了长远的发展机会而且其增长最好能同企业对该市场的控制能力同步增长，这样企业才能在该目标市场上保持持久的竞争力。但同时，有潜力的市场也会吸引更多的企业，使得竞争加剧。如苹果公司意识到存在一个个人计算机（PC）市场时，其他公司还主要集中在大型机市场上竞争。但很快地，人们转向了，就连计算机巨人——开始对这一事物持否定态度的 IMB 公司也加入了这个细分市场的竞争。使得这一市场的开拓者苹果公司蒙受了重大的挫折。

（2）企业在细分市场中的竞争能力。市场细分是对顾客的细分，选择目标市场具有适当的规模和发展潜力的细分市场，并不足以确定为目标市场。主要原因是你所看好的市场，可能也正是众目睽睽之地，甚至不乏虎视眈眈之辈。因此，必须要结合细分市场对行业进行分析细分，并考察可能的行业结构演变过程，据此判断这个细分市场的吸引力。

（3）企业的目标资源。在评估细分市场的规模、潜力以及竞争程度以后，还要对这些细分市场与企业目标和资源的一致性进行检验。企业的目标有长远目标和短期目标两种。在评估细分市场时，先要看它是否与本企业的各种资源（包括人才、技术、资金、营销与管理能力等）是否可以在这个细分市场中建立持久的竞争优势。20 世纪 80 年代后期，我国的家电市场极具诱惑力，大批企业在不具备必要的资源的情况下蜂拥而至。经过激烈角逐，其结果是以绝大多数企业的巨额亏损和转产而告终。目前，我国的许多企业仍然没有从中汲取足够的经验教训，"流寇主义"、"机会主义"还时常作祟，重大失误与失败仍在接连不断地发生，浪费了国家和社会资源，而没能很好地形成民族产业竞争力。

三、市场定位

所谓目标市场定位，是指企业决定把自己放在目标市场的什么位置上。这种定位并非能随心所欲，必须对竞争者所处的市场位置，消费者的实际需求和企业经营商品的特性做出正确的评估，然后确定出适合自己的市场位置。

工商企业进行目标市场定位，是通过创造鲜明的商品营销特色和个性，从而塑造出独特的市场形象来实现的。这种特色可表现在商品范围上和商品价格上，也可表现在营销方式等其他方面。科学而准确的市场定位是建立在对竞争对手所经营的商品具有何种特色，顾客对该商品各种属性重视程度等进行全面分析的基础上的。为此，需掌握以下几种信息：①目标市场上的竞争者提供何种商品给顾客？②顾客确实需要什么？③目标市场上的新顾客是谁？企业根据所掌握的信息，结合本企业的条件，适应顾客一定的需求和偏好，在目标顾客的心目中为本企业的营销商品创造一定的特色，赋予一定的形象，从而建立一种竞争优势，以便在该细分市场吸引更多的顾客。

目标市场定位实质是一种竞争策略，显示了一种商品或一家企业同类似的商品或企业之间的竞争关系。定位方式不同，竞争态势也不同，下面分析四种主要定位策略：

1. 市场预先者定位策略

这是指企业选择的目标市场尚未被竞争者所发现，而率先进入市场，抢先占领市场的策略。企业采用这种定位策略，必须符合以下几个条件：

(1) 该市场符合消费发展趋势，具有强大的市场潜力；

(2) 本企业具备率先进入的条件和能力；

(3) 进入的市场必须有利于创造企业的营销特色；

(4) 提高市场占有率，使本企业的销售额在未来的市场份额中占40%左右。

2. 市场挑战者策略

这是指企业把市场位置定在竞争者的附近，与在市场上占据支配地位的，亦即与最强的竞争对手"对着干"，并最终把对方赶下现居的市场位置，让本企业取而代之的市场定位策略。企业采取这种市场定位策略，必须具备以下条件：

(1) 要有足够的市场潜量；

(2) 本企业具有比竞争对手更丰富的资源和更强的营销能力；

(3) 本企业能够向目标市场提供更好的商品和服务。

3. 跟随竞争者市场定位策略

这是指企业发现目标市场竞争者充斥，已座无虚席，而该市场需求潜力又很大，企业跟随竞争者挤入市场，与竞争者处在一个位置上的策略。企业采用这种策略，必须具备下列条件：

(1) 目标市场还有很大的需求潜力；

(2) 目标市场未被竞争者完全垄断；

(3) 企业具备挤入市场的条件和与竞争对手"平分秋色"的能力。

4. 市场补缺者定位策略

这是企业把自己的市场位置定在竞争者没有注意和占领的市场位置上的策略。当企业对竞争者的市场位置、消费者的实际需求和自己经营的商品属性进行评估分析后，如果发现企业所面临的目标市场并非竞争者充斥，存在一定的市场缝隙或空间，而且自身所经营的商品又难以正面抗衡，这时企业就应该把自己的位置定在目标市场的空当位置，与竞争者成鼎足之势。采用这种市场定位策略，必须具备以下条件：

(1) 本企业有满足这个市场所需要的资源；

（2）该市场有足够数量的潜在购买者；

（3）企业具有进入该市场的特殊条件和技能；

（4）经营必须盈利。

5. 重新定位策略

当然，企业的市场定位并不是一劳永逸的，而是随着目标市场竞争者状况和企业内部条件的变化而变化的。当目标市场发生下列变化时，就需要考虑重新定位的方向：

（1）当竞争者的销售额上升，使企业的市场占有率下降，企业出现困境时；

（2）企业经营的商品意外地扩大了销售范围，在新的市场上可以获得更大的市场占有率和较高的销售额时；

（3）新的消费趋势出现和消费者群的形成，使本企业销售的商品失去吸引力时；

（4）本企业的经营战略和策略作重大调整时等等。

总之，当企业和市场情况发生变化时，都需要对目标市场的定位方向进行调整，使企业的市场定位策略符合创立企业特色，发挥企业优势的原则，从而取得良好的营销利润。

四、现有汽车市场细分表（如表 5-1 所示）

本文以现有常见汽车品牌和车型分类为变量，做出我国现有汽车市场细分表，为大家做竞品分析打下基础。

常见汽车品牌（国产）丰田、本田、日产、北京现代、大众、通用、福特、雪铁龙、标致、比亚迪。

常见车型：小型车、紧凑型车、中型车、中大型车、SUV、MPV。

表5-1　汽车市场细分表

品牌	小型车	紧凑型车	中型车	中大型车	SUV	MPV
丰田	威驰、雅力士	花冠、卡罗拉、普锐斯	锐志、凯美瑞	皇冠	RAV4、汉兰达、普拉多、兰德酷路泽	逸致
本田	飞度、风范	思域	雅阁、思铂睿、歌诗图		CRV	奥德赛、艾力绅
尼桑	玛驰、骊威	阳光、骐达、轩逸	天籁		帕拉丁、奇骏、楼兰	NV200
北京现代	瑞纳、雅绅特	i30、朗动、悦动、伊兰特	索纳塔第 8 代		ix35、途胜	
起亚	锐欧、秀尔、K2	福瑞迪、K3	K5		狮跑、智跑	
大众	Polo、CROSS Polo	捷达、宝来、高尔夫、速腾、朗逸	CC、迈腾、帕萨特、Passat 新领驭、桑塔纳志俊		途观	途安
通用	爱唯欧、新赛欧	凯越、英朗、科鲁兹	君威、君越、景程	林荫大道	昂克拉（跨界车）、昂克雷、科帕奇	GL8
福特	嘉年华	福克斯	蒙迪欧-致胜			麦克斯
雪铁龙	C2	爱丽舍、世嘉、凯旋	C5			毕加索
标致	207	307、308、408	508			
比亚迪		F3、F3R、G3、G3R、L3、速锐	F6、G6		S6、E6（跨界车）	M6

【本节小结】

市场细分、目标市场选择及定位是汽车制造企业制造市场需要、消费者喜欢车型的主要依据，我们只需要知道它的原理，而更多层面上是掌握现有市场常见车型的市场细分图。正确细分现有汽车品牌，最主要的目的是在帮助客户选车时，能够做好竞品分析。

第二节　汽车竞品分析

【学习目标】

◇ 掌握汽车竞品分析的内容。

◇ 能为国内任意一款常见车型做竞品分析，并找出该车卖点（USP）。

【学习重点】

◇ 竞争产品组合分析。

【学习难点】

◇ 车型参数及配置对比、消费者的口碑。

【课程导入】

虽然天籁和雅阁同属于中型车，却是不同汽车公司的产品。所以它们之间的差异就要使用竞品分析来找到答案。

竞品分析顾名思义就是从竞争对手或市场相关产品中，找到一些需要考察的角度，得出真实的情况，不加入任何个人的判断，用事实说话。汽车产品的竞品分析是销售人员帮助客户选择心仪车型的一个重要法宝。

所以，汽车产品竞品分析的主要内容涉及竞争产品组合分析、该车型参数及配置对比及已购该车型车主的口碑等三个因素。

一、产品组合分析

产品组合是指一个企业生产或经营的全部产品线和产品项目的结合方式，也即全部产品的结构。在这里，产品线是指同一产品种类中密切相关的一组产品，又称产品系列或产品类别。所谓密切相关，是指这些产品或者能满足同类需求（即这些产品以类似的方式发挥功能），或者售予相同的顾客群，或者通过统一的销售渠道出售，或者属于同一的价格范畴等。产品项目是指在同一产品线或产品系列下不同型号、规格、款式、质地、颜色的产品。例如海尔集团生产冰箱、彩电、空调、洗衣机等，这就是产品组合；而其中冰箱或彩电等大类就是产品线，每一大类包括的具体的型号、规格、颜色的产品，就是产品项目。

产品组合包括四个变数：产品组合的宽度、长度、深度和关联度。产品组合的宽度又称产品组合的广度，是指产品组合中所拥有的产品线的数目。产品组合的长度是指一个企业的产品组合中，产品项目的总数。产品组合的深度是指每一产品线中包括的不同品种规格的产品项目数量。如以产品项目总数除以产品线数（即长度除以宽度），就可以得到产品线的平均长度。产品组合的关联度是指各条产品线在最终用途、生产条件、分销渠道或其他方面关联的程度。

产品组合的宽度越大，说明企业的产品线越多；反之，宽度窄，则产品线少。同样，产品组合的深度越大，企业产品的规格、品种就越多；反之深度浅，则产品的规格、品种就越少。产品组合的深度越浅，宽度越窄，则产品组合的关联度越大；反之，则关联度小。下面就以中国一汽集团乘用车为载体，诠释产品组合的概念。详见表5-2。

表 5-2　一汽集团乘用车产品组合

一汽集团乘用车长度	一汽集团乘用车宽度			
	丰田	奥迪	大众	红旗、夏利、马自达等
	威驰 花冠 卡罗拉 锐志 皇冠 普锐斯 RAV4 普拉多 兰德酷路泽	A6L A4L Q5	捷达 宝来 高尔夫 速腾 迈腾 高尔夫 GTI CC	2011 款一汽奥迪 A6L 有 2.0T（4 种配置）、2.4（3 种配置）、2.7（1 种配置）、2.8（3 种配置）、3.0T（1 种配置）五种规格，所以该产品的是深度就是 12

合理的产品组合对市场营销活动具有重要意义。企业可以增加新产品线，从而拓宽产品组合宽度，扩大业务范围，分散企业投资风险；加强产品组合的深度，占领同类产品的更多细分市场，增强行业竞争力；加强产品组合的关联度，使企业在某一特定的市场领域内加强竞争和赢得良好的声誉。

企业在市场营销活动中要不断地推出新产品。新产品开发是满足需求，改善消费结构，提高人民生活素质的物质基础，也是企业具有活力和竞争力的表现。新产品的概念是从市场和企业两个角度认识的，不仅包括科学技术上的新产品，还包括对市场来说第一次出现的产品和对企业来说第一次销售的产品。因此，市场营销学中的新产品有四种类型：全新产品——应用新的技术、新的材料研制出的具有全新功能的产品；换代产品——在原有产品基础上，采用或部分采用新技术、新材料、新工艺研制出来的新产品；改进产品——对老产品的性能、结构、功能加以改进，使其与老产品有较显著的差别；仿制产品——对国内或国际市场上已经出现的产品进行引进或模仿，研制生产出的产品。

汽车产品的新产品开发在这里主要是指改进产品的性能、外形以增加更多的配置来吸引潜在客户。也可以用新卖点来定义这个汽车产品的"新产品"。比如新款高尔夫（第六代）增加了 TSI（缸内直喷、涡轮增压）＋DSG（双离合变速器）这对黄金组合来吸引更多的消费者来购买该车型。众多车友对该车型的表现也颇为满意。

众多车企为什么又这么重视新产品的开发呢？原因主要是因为产品生命周期的作用，使得该车型还没有被市场淘汰时以推出新产品来巩固原有市场。

所谓产品生命周期，是指产品从研制成功投入市场到最后退出市场所经历的全部时间。任何产品在市场上都不是万寿无疆的，有其诞生的时候就有其衰亡的时候。总想让某一产品保持永不衰退的销售势头，这种营销思想必将把企业引入困境。只有不断开发新产品，及时实现产品更新换代，才能保持企业活力。

产品生命周期不是产品的使用生命周期。产品的使用周期是指产品的耐用程度。而产品生命周期是指产品的社会经济周期。决定经济寿命的不是使用强度、自然磨损和维修保养等因素，而是科学技术的发展和社会需求的变化。

产品生命周期（如图5-1所示）也不是指某一种类的产品，而是指某一种类中的具体产品。就某一种类产品而言，如煤炭、钢材、车辆、食品等，其市场生命会长久延续下去。而其中的某一品种产品在市场上的生命都是有限的。

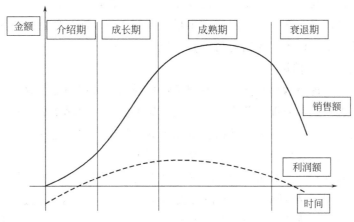

图 5-1　产品生命周期图

1. 产品生命周期阶段划分

按照产品销售量在不同时期的变化情况，产品生命周期可分为四个阶段，从产品开始投入市场到销售量渐渐增加为介绍期，这是产品的初销阶段。产品开始盈利。随之销售量迅速增长，产品进入成长期，这是产品的畅销阶段。当产品的销售量增长速度缓慢下来，稳定在一定水平上，产品进入成熟期，是产品的稳销阶段。当产品销售量迅速下降，就开始了产品的衰退期，这时就到了产品的淘汰阶段，需要有换代产品或新开发的产品来替代。

2. 介绍期的市场营销策略

在介绍期，产品刚刚进入市场，消费者对产品不甚了解，往往对产品持保守态度，购买不够踊跃，产生对产品的拒绝性。这时，产品的性能还处于完善过程，需要通过用户反馈意见不断改进。由于生产不够熟练，废品较多，成本较高，从财务上看，在盈亏平衡点以下，存在着一定程度的亏损。消费者的拒绝性会引发企业经营的风险，营销措施跟不上，会使产品进入市场的努力失败。在产品介绍期企业需注意的问题是：

（1）努力开发市场。介绍期实际上是企业新产品的市场开发阶段，它需要企业投入一定的资金、人力和物力。产品研制过程，许多企业的预算不足。产品研制成功后，推向市场缺少经费，结果搁置，其他企业接了过去打开了销路，占领了市场。自己产品所花的费用为别人垫了底。

企业必须明确认识到，开发市场是一项独立的创造活动。不能只注意开发产品不注意开发市场。开发市场也不仅是一般性的宣传，而是要特别注意研究和开发产品用途。这里所说的用途主要不是指一般意义上的产品性能与作用，而是指具体能满足消费者什么需要，能解决消费者什么困难和问题。这同样也是企业重要的科研项目。

（2）加强广告宣传。在研究用途的基础上，应有针对性地开展宣传攻势。这时企业会出现亏损，主要是广告费用大。广告宣传要集中力量，连续不断地重复进行，在市场上造成强烈影响。切不可东做一点，西做一点，钱花得不少，产生的效果不大。这一时期的宣传，重点在于产品的性能和用途，激发消费者的购买欲望。

（3）从多方寻找机会，这时要注意社会重大活动和能造成广泛影响的事件，适时推出产品以引起社会的轰动效应。寻找机会同样是一项创造性的活动。

（4）注意控制产量。在产品还没有在市场上推开之前，产量要适当控制。由于产品还需改进，生产线不要固定死，应留有可调整余地。

3. 成长期的市场营销策略

在成长期，产品逐渐为用户熟悉，销售量迅速增长，盈利增加。这一阶段所遇到的问题是会引来竞争者。企业要保持住自己在市场上的优势，必须尽快提高产品质量，突出产品特色，多方面满足消费者需求。此时投资成为突出问题。应采用一些专用设备，迅速形成较大的生产能力。成长期企业营销需要做的主要工作有：

（1）宣传厂牌商标。此时仍要重视广告宣传，但宣传的重点应转为厂牌商标，要提醒消费者注意本企业产品的特点。各种公关活动也要跟上，努力塑造企业在社会上的良好形象。如果企业不能及时地转变宣传策略，那么就等于前一段是在给竞争对手开辟市场。

（2）提高和保持市场占有率。要根据自己的实力开辟市场，采取必要的措施稳定基本用户。这时企业不能把注意力都放在盈利目标上，只有保住市场，以后才会有长远稳定的利润。但也要注意不要将市场面铺得太大，否则顾不过来就会失去信誉，从而会影响未来的营销工作。这一阶段最重要的工作是追求形成自己的稳定市场。

（3）努力创名牌。这阶段是企业创名牌的最佳时机。优秀的企业都懂得，要在产品好卖的时候创名牌。这时产品的鲜明特征能使消费者在对比中留下深刻印象。当产品不好卖的时候，消费者的心目中已经有了明显倾向性，再创名牌就变得十分艰难。同类产品后进入市场的企业也有不少成功的先例，那就必须使产品有新的特色，或者营销策略上采取与众不同措施，使消费者明确感到有优于其他产品的地方。

4. 成熟期市场营销策略

此时，产品的生产量与销售量扩大到相当规模，竞争厂家增多，社会需求量稳定下来，市场已趋于饱和。一般来讲，这一阶段是产品经历的最长时期。在成熟期还应宣传厂牌商标，但更应当注意保持市场占有率。因为市场规模已经稳定下来，市场需求量虽然不小，但不再增长。因而竞争具有你死我活的特征。如果本企业市场占有率有所提高，表明竞争对手的市场占有率降低；相反则说明自己的市场并入了竞争对手的势力范围。创名牌工作也不能放松。除此之外，还要做好以下工作：

（1）尽量回收资金。产品处于这一阶段一定要少投资，特别不要再重复上新的产线，最多搞一些填平补齐的工作，要尽量发挥该产品的效益。很多企业在产品处于成熟期时决策上很容易出问题。因为这时存在着对企业的一种诱惑。在成熟期，虽然销售量不再增长，但销售量还是很高的。由于生产的时间长了，生产效率在提高。产品质量也稳定下来，废品率则在下降，管理上也积累了经验，生产成本能控制在较低的水平。时间一长，设备也折旧得差不多了。综合以上的各种因素，会使产品利润率提高，这就给人又好销又赚钱的感觉。如果仅凭感觉就进行决策，就会贷款重复上一条新的生产线。产品产量成倍提高，而市场需求已经饱和，新增加的产量没有销路，而贷款却要付利息，该赚钱的时候反而出现亏损。许多企业都是在该阶段出了同样的问题，因而要特别引起注意。

（2）开发新产品。回收的资金不要再投向老产品，而是用来开发新产品，准备实行产品更新换代。开发新产品要特别注意提高其中的科技含量，如能掌握其中的某种专用技术，不但能提高产品的附加值，而且能使产品长期保持市场竞争优势。新产品与老产品保持良好的衔接关系，企业才有生命力。

（3）延长这一阶段。这一阶段是产品效益最高的时期，延长得越久对企业越有利。这就要改进产品性能，加强服务，调整营销策略，提高竞争力，使稳定销售势头尽量保持下去。

在这一阶段，社会需求量达到最高峰之后，就会逐渐下滑。这时，有些实力较弱或竞争力不强的企业，效益下降较快。有可能转产退出竞争领域。这时，如能采取有力的营销措施，使消费者更多地受益，完全可以形成新的销售高潮，并使自己企业产品成熟期延长。

能够延长成熟期的另一重要措施就是转移生产场地，将产品转移到劳动力较便宜的地区去生产。由于生产成本下降，在价格上可以保持竞争力，因而可使稳销状况多保持一段时期。

5. 衰退期市场营销策略

在这一阶段，产品已经没有生命力，到了淘汰阶段。这时，销售量迅速下降。维持下去将会使企业处于极其被动的局面。衰退期到来会有一些迹象，但到来时还是较突然。因此，衰退期的到来是一个重要的预测点，根据预测要及时采取措施。当察觉产品已进入了衰退期，就要毫不犹豫地撤退，果断地将产品处理掉。千万不要有舍不得的想法，越拖拉损失就越大。要迅速实现产品更新换代，否则会失去传统市场。

二、汽车竞品分析的内容

我们就以一汽大众高尔夫为例，进行竞品分析。

一汽大众旗下主要生产捷达、宝来、高尔夫、速腾、迈腾、CC 等车型。而高尔夫是一汽大众旗下经典紧凑型车（德国称 A 级车）。对汽车产品的竞品分析就是对同级别、不同生产汽车生产的产品进行横向比较分析。竞品分析主要是从竞争产品组合分析、该车型参数及配置对比及已购该车型车主的口碑等三个因素展开。下面就通过官网和论坛查找的一些数据为大家进行该车型的竞品分析。通过竞品分析，也很容易找到卖点，这个卖点也是我们说服客户购买的坚强利器。

由于高尔夫是两厢车，所以它的竞品主要是东风日产骐达、东风标致 307、长安福特福克斯、上海通用别克英朗 XT、东风雪铁龙世嘉等。

1. 对比车型及价格空间（如图 5-2 所示）

2. 对比一下产品组合

2012 款高尔夫主要有 1.4T 和 1.6L 两个排量共 8 款配置的车型；

2012 款福克斯两厢有 1.6L、1.8L 和 2.0L 三个排量共 10 款配置的车型；

由于产品更新换代英朗 XT 的 2012 款已停产，2013 款已上市，它有 1.6L 和 1.6T 两个排量共 6 款配置；

骐达现在只有 2011 款车型，它有 1.6L 和 1.6T 两个排量共 9 款车型；

高尔夫
11.19万～17.70万元

福克斯两厢
8.48万～17.27万元

英朗XT
11.09万～18.61万元

骐达
9.03万～16.98万元

世嘉两厢
9.08万～14.78万元

标致307两厢
8.08万～11.58万元

图 5-2　车型及价格空间

2012 款世嘉两厢有 1.6L 和 2.0L 两个排量共 9 款车型；

2012 款 307 只有 1.6L 一个排量共 6 款车型。

3. 对比参数和配置

由于每款产品定位的差异，先不考虑最高价格，就从每款车的最低价格（也是标配）来对比它的参数和配置。从这里找到它们之间的差异。由于这几款车中高尔夫、英朗 XT 和骐达都带 T（涡轮增压发动机），所以，它们三款车也就形成典型的竞争关系、典型的竞品。福克斯两厢、世嘉两厢和标致 307 两厢，这三款车只能算是第二梯队的竞品，只能依靠价格的优势、空间大小、操控的舒适性、动力、配置和品牌历史来赢得购车者了。下面就以高尔夫 1.4T、英朗 XT1.6T 和骐达 1.6T 的标配、自动挡车型进行对比。如表 5-3 所示，该表数据来源易车网、汽车之家、太平洋汽车、新浪汽车、网易汽车等汽车专业网站，大家以后的学习过程中，也可以参考这些网站。

表 5-3　汽车参数和配置

	一汽大众高尔夫	上通别克英朗 XT	东风日产骐达
商家报价	14.08 万～15.68 万元	15.05 万～17.13 万元	13.18 万～16.98 万元
保修政策	两年或 6 万公里	两年或 6 万公里	三年或 10 万公里
排量	1.4L	1.6L	1.6L
变速器型式	7 挡 双离合	6 挡 手自一体	无级挡　CVT 无级变速
综合工况油耗	6L/100km	7.8L/100km	7.8L/100km
市区工况油耗	7.7L/100km		10.2L/100km
市郊工况油耗	5L/100km		6.4L/100km
百公里等速油耗	5.8L(90km/h)	6.2L(90km/h)	6.2L(100km/h)
网友油耗	7.6L/100km	10.1L/100km	10.3L/100km
加速时间(0～100km/h)	9.5s	9s	8.3s
最小转弯半径			5.2m
驱动方式	前轮驱动	前轮驱动	前轮驱动

续表

	一汽大众高尔夫	上通别克英朗 XT	东风日产骐达
乘员人数(含司机)	5	5	5
整备质量	1370kg	1405kg	1326kg
满载质量	1800kg		1750kg
最高车速	200km/h	220km/h	205km/h
车门数	5	5	5
车身型式	两厢	两厢	两厢
天窗型式	单天窗	单天窗	单天窗
长	4199mm	4419mm	4290mm
宽	1786mm	1814mm	1760mm
高	1479mm	1487mm	1520mm
轴距	2578mm	2685mm	2700mm
前轮距	1540mm	1544mm	1530mm
后轮距	1513mm	1558mm	1530mm
最小离地间隙		101mm	165mm
行李箱容积	350～1305L	375L	310L
行李箱最大拓展容积	1305		
行李箱打开方式	掀背		
燃油箱容积	55L	60L	52L
燃料类型	汽油 93 号(北京 92 号)	汽油 93 号(北京 92 号)	汽油 97 号(北京 95 号)
供油方式	直喷	多点电喷	直喷
发动机型号	CFB		MR16DDT
排量	1390mL	1598mL	1618mL
最大功率-功率值	96kW	135kW	140kW
最大功率-转速	5000r/min(rpm)	5800r/min(rpm)	5600r/min(rpm)
最大扭矩-扭矩值	220N·m	235N·m	240N·m
最大扭矩-转速	1750～3500r/min(rpm)	2200～5600r/min(rpm)	2400～5200r/min(rpm)
气缸排列型式	L 型	L 型	L 型
发动机位置	前置	前置	前置
进气型式	涡轮增压	涡轮增压	涡轮增压
气缸数	4	4	4
每缸气门数	4	4	4
缸径	76.5		
行程	75.6		
压缩比	10:1		9.5:1
缸体材料	铸铁		铝合金
环保标准	国 4	国 4	国 4
最大马力	131Ps	184Ps	190Ps

续表

	一汽大众高尔夫	上通别克英朗 XT	东风日产骐达
转向助力	电子	电子	电子
变速箱类型	双离合	手自一体	CVT无级变速
档位个数	7	6	
前制动类型	通风盘	通风盘	通风盘
后制动类型	盘式	实心盘	盘式
手刹类型	机械驻车制动	手刹	
前悬挂类型	麦弗逊式独立悬架	增强型麦弗逊悬挂	麦弗逊式独立悬架
后悬挂类型	四连杆式独立悬架	增强型复合扭杆梁悬挂	扭力梁式半独立悬架
轮毂材料	铝合金	铝合金	铝合金
前轮胎规格	205/55 R16	225/50 R17	205/50 R17
后轮胎规格	205/55 R16	225/50 R17	205/50 R17
备胎类型	非全尺寸	非全尺寸	
车身颜色	艾玛红,反射银,联合灰,深黑,糖果白,炫清蓝	冰川银,雪域白,钢琴黑,宝石红,天际蓝,钛金灰	璀璨金,月光银,炫雅红,翡丽灰,碧玉黑,象牙白,宝石蓝,玫瑰红
后导流尾翼	—		
运动包围	—		
车窗	前后电动窗	前后电动窗	前后电动窗
电动窗锁止功能	●		
电动窗防夹功能	全车车窗	驾驶员车窗	驾驶员车窗
后风窗加热功能			
后雨刷器	●		●
感应雨刷			
内后视镜防眩目功能			
外后视镜电动调节	●		●
外后视镜电动折叠功能			
外后视镜加热功能	●		●
外后视镜记忆功能			
前照灯类型	卤素		氙气
前大灯延时关闭			
前雾灯		●	●
前大灯自动开闭	—	●	●
前照灯照射范围调整	●		●
前照灯自动清洗功能	—		●
侧转向灯	外后视镜		外后视镜
高位(第三)制动灯	●	●	●
车内氛围灯	—		
LED尾灯	—		

续表

	一汽大众高尔夫	上通别克英朗 XT	东风日产骐达
防紫外线/隔热玻璃	防紫外线＋隔热	防紫外线＋隔热	
方向盘表面材料	真皮	PVC 塑料	真皮
方向盘调节方式	手动	手动	
行车电脑	—		●
转速表	●		
座椅材质	○	织物	真皮
运动座椅	—		
座椅按摩功能	—		—
座椅加热	选装		—
驾驶座腰部支撑调节	●		
驾驶座座椅调节方式	手动	手动	手动
驾驶座座椅调节方向	6	4	6
副驾驶座椅调节方式	手动	手动	手动
副驾驶座椅调节方向	4	2	
前座中央扶手	●	●	●
后座中央扶手	—	—	●
主动式安全头枕	●		
后座椅头枕	●		●
儿童安全座椅固定装置	●	●	
后排座位放倒比例	6/4	6/4	6/4
方向盘上下调节	●	●	
方向盘前后调节	●	●	
内饰颜色		黑色	运动风尚深色
座椅通风	—		—
第三排座椅	—		
电动座椅记忆	—		—
CD	1 碟 CD		1 碟 CD
车载电视	—		
中控台液晶屏	—		
后排液晶屏	—		—
扬声器数量	5	6	5
空调	●	●	●
空调控制方式	手动	自动	自动
温区个数		2	2
后排出风口	●		
外接音源接口	AUX,USB,iPod	AUX,USB,iPod	AUX,USB,iPod
音频格式支持	MP3,WMA,CD	MP3	MP3,WMA,CD

续表

	一汽大众高尔夫	上通别克英朗 XT	东风日产骐达
人机交互系统	—		—
温度分区控制	—	●	
空气调节/花粉过滤	●		
定速巡航			—
GPS 导航系统			
倒车雷达（车后）	●	●	
倒车影像	—		—
中控门锁	●	●	●
胎压监测装置	—		—
车载电话	—		
蓝牙系统	—		
多功能方向盘	—	●	
无钥匙启动系统	—	—	●
遥控钥匙	●	●	●
遮阳板化妆镜	●		●
并线辅助	—		—
刹车防抱死（ABS）		●	
车身稳定控制（ESP/DSC/VSC/ESC 等）	●	●	●
刹车辅助（EBA/BAS/BA/EVA 等）	●	●	●
制动力分配（EBD/CBC/EBV 等）	●	●	●
牵引力控制（ASR/TCS/TRC/ATC 等）	●	●	
电子防盗系统		●	
发动机防盗系统	●		●
驾驶位安全气囊	●	●	●
副驾驶位安全气囊	●	●	●
前排头部气囊（气帘）	—		●
后排头部气囊（气帘）			
前排侧安全气囊	●	●	●
后排侧安全气囊			
前安全带调节	高度可调	高度可调	高度角度均可调
安全带预收紧功能	●		●
安全带限力功能	●		●
后排安全带	●		
后排中间三点式安全带		●	●
儿童锁	●	●	●

续表

	一汽大众高尔夫	上通别克英朗 XT	东风日产骐达
车门防撞杆（防撞侧梁）	●		●
可溃缩转向柱	●		
膝部气囊	—		
安全带未系提示	●	●	●
车内中控锁	●		●
自动驻车	●		—
上坡辅助	●		
加速时间(0～100km/h)	9.5s		8.3s

注：—表示选装；●表示标配。

4. 口碑对比

网友评价：高尔夫6代的车身造型相比来说更加动感时尚，同时又不失大气之美；内饰造型风格简约实用，做工细致；发动机及变速箱技术先进，动力强劲、操控性强；燃油经济性强，省油；整体品质较好；但是定价偏高，性价比低，近期提车仍需加价，等待时间仍较长；国产后减配较多；胎噪大、抖动等小毛病问题也不少。

网友评价：英朗XT的外观饱满圆润，前脸造型个性，受到了很多年轻人的喜爱；内饰动感时尚，布局合理，精细的做工受到了不少消费者的好评；整体空间宽敞舒适；搭载全新引擎，动力性能出色；操控灵活舒适；但售价偏高，近期网友反映的异响问题较多，个别地区的4S服务质量较差。

网友评价：日产骐达与老款相比较，外形更加年轻时尚，弧形线条给骐达带来不少的张力和动感；但网友普遍反映车漆偏软，易磨损；内饰使用大量弧形设计，时尚感较强；但不论做工还是质感，都稍逊色于老款；空间方面表现不错，储物空间和尾箱能满足日常使用；动力还不错，但起步较慢；操控性一般，减震效果较好，但转弯侧倾情况严重，稳定性有待加强；燃油经济性较好；但异响和抖动等小毛病较多。

5. 寻找卖点

通过课题4介绍的参数和配置，不难看出：

油耗方面高尔夫略显优势，车身尺寸则稍逊一筹；轴距的差距不大；动力上，高尔夫的1.4L直列四缸4气阀TSI电控燃油缸内直接喷射涡轮增压发动机最大功率（马力）96kW(131Ps)/5000r/min，在1750～3500r/min时最大扭矩220N·m，与之配备的是带运动模式的7挡手/自动一体DSG双离合器自动变速器，最大的优势就是TSi＋DSG这对黄金组合；英朗XT1.6LECOTEC多点电喷涡轮增压发动机最大功率（马力）135kW(184Ps)/5800r/min，在2200～5600r/min时最大扭矩235N·m，与之配备的是6AT手自一体变速器；骐达1.6L涡轮增压发动机在缸内直喷技术的帮助下，拥有140kW(190马力)/5600r/min的最大功率和在2400～5200r/min时240N·m的峰值扭矩。与之配备的是6速手动和全新智能XTRONIC CVT无级变速器（带6MT模式），不过，1.6T搭配CVT无级变速器这个"矛盾"的组合，有意或无意间都引出了无数的问号。百公里加速上，高尔夫的优势就不是很明显了，配置上，这就看个人的喜好了。

不难看出，高尔夫的卖点主要体现在：1974 年至今，6 代车型变革，有着长远的文化内涵，也饱含广大车友对它的关心。欧洲最流行车型，2600 万辆的销售业绩铸就不凡的品质。TSI＋DSG 的黄金组合让它动力强劲，1.4T 发动机达到 220N·m 的扭矩，它的"劲"相当于 2.2L 排量的发动机。综合工况油耗只有 6L，电动随速助力转向、ESP 等电子系统造就了良好的操控性能。在舒适性上，它采用了 12 向电动调节真皮座椅和多功能方向盘。

问题思考：通过相关汽车知识的积累寻找英朗 XT、骐达的卖点。

【本节小结】

产品组合是企业的产品花色品种的配备，包括所有的产品线和产品项目。产品线是指企业经营的产品核心内容相同的一组密切相关的产品，产品项目是产品线中的一个明确的产品单位。

产品生命周期是产品从进入市场到退出市场的周期性变化过程，可分为导入期、成长期、成熟期、衰退期等四个阶段。这种周期性变化是由消费者接受新产品的过程差异所造成的，企业应根据各阶段的特征灵活调整营销策略。

产品的开发与生产是企业经营活动的实质内容，是企业获得良好经济效益的基础，从而也是市场营销策略组合中的首要问题。

车型参数及配置对比需要通过其官网进行了解。而该车型车主的口碑需要通过实地走访和互联网进行取证。

一个产品的卖点是指商品具备了前所未有、别出心裁或与众不同的特色、特点。这些特色、特点，一方面是产品与生俱来的，另一方面是通过营销策划人的想象力、创造力来产生"无中生有"的。不论它从何而来，只要能使之落实于营销的战略战术中，化为消费者能够接受、认同的利益和效用，就能达到产品畅销、建立品牌的目的。

从汽车销售来说，卖点就是我们的话术，面对不同客户，将客户的诉求点和我们的卖点结合起来，那么，这个订单就比较容易拿下了。

思考与练习

1. 查阅相关网站，收集丰田、本田、日产、现代、起亚、大众、通用、福特、雪铁龙、标致、比亚迪等国内知名厂商旗下的小型车、紧凑型车、中型车、中大型车、SUV、MPV。

2. 以 PPT 格式为 Polo、捷达、迈腾、途观、途安等 5 款车做横向比较分析，并找出它们的卖点。

3. 汽车销售中，客户进入展厅，看着展厅里的汽车，我们怎么向他们进行汽车品质性能解说呢？

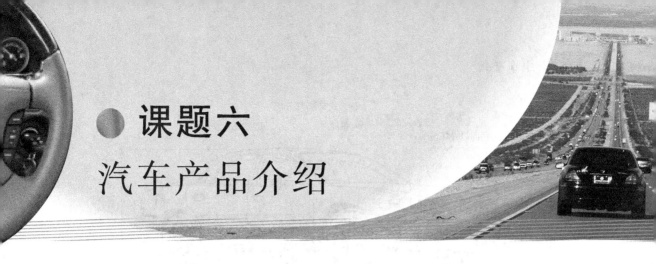

课题六
汽车产品介绍

第一节　六方位绕车介绍

【学习目标】

◇ 能熟练为指定车型进行六方位绕车介绍。

【学习重点】

◇ 六方位绕车介绍的内容。

【学习难点】

◇ 如何用 FAB 法进行六方位绕车介绍。

【课程导入】

汽车展厅是客户和销售人员共同演出的舞台，当销售人员向客户解说汽车的品质性能时，就要像节目主持人一样生动有趣，吸引客户热情参与，并使其对汽车有一个直观的了解和切身的感受，从而使其认可汽车的质量，激发客户购买的欲望。这就是汽车六方位绕车介绍。

一、六方位绕车介绍的内容

通过科学分析和众多销售人员的经验，形成的一套从特定位置进行实车讲解的方法，通常有六个方位，所以称为六方位绕车介绍。

六方位是：左前方 45°角、侧面或副驾驶座、车尾部、车后座、驾驶座、发动机室。

通过六方位的介绍，销售顾问容易记住车辆的介绍点。

六方位的方法使介绍富于条理，使顾客容易产生对整车良好的印象。

最终目的是能让客户对产品产生更大的认同，进而产生购买行为。

（一）左前方 45°的介绍

该方位介绍应重点体现在外观、造型与腰线延伸的设计、品牌内涵、超值所在。就以别克 X 车型为例，如图 6-1 所示，主要体现在以下几方面：

（1）车标的造型和意义；

（2）发动机的动力性能和燃油经济性；

（3）散热格栅的美观造型；

（4）保险杠的安全性；

（5）前照灯组合的特点；

（6）汽车长、宽、高；

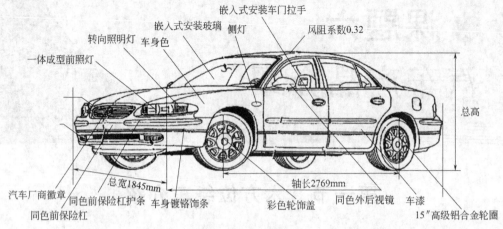

图 6-1　左前 45°的介绍

（7）前风挡；

（8）雨刮器；

（9）流线型；

（10）接近角；

（11）车漆颜色。

（二）汽车侧面的介绍

主要体现侧视效果和安全性。如图 6-2、图 6-3 所示。

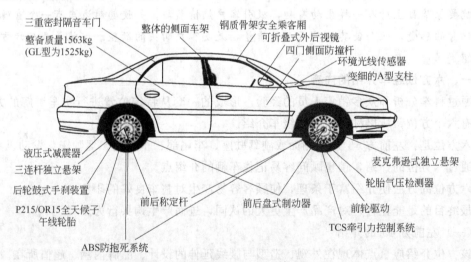

图 6-2　汽车侧面介绍（右侧，乘客侧）

（1）电动后视镜；

（2）A、B、C柱的强度；

（3）车门拉手的材料和造型；

（4）遥控中央门锁；

（5）防擦装饰条；

（6）加油口；

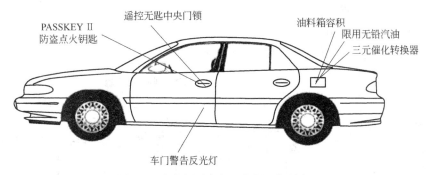

PASSKEY Ⅱ
防盗点火钥匙

遥控无匙中央门锁

油料箱容积
限用无铅汽油
三元催化转换器

车门警告反光灯

图 6-3　汽车侧面介绍（左侧，驾驶侧）

（7）悬挂系统；

（8）刹车片；

（9）铝合金轮毂、胎宽及其型号特点；

（10）车身线条；

（11）轮眉设计；

（12）最小离地间隙；

（三）汽车尾部的介绍

主要体现后部设计、后备箱、后灯组合灯等。如图 6-4 所示。

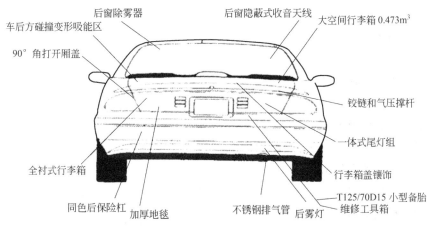

后窗除雾器

后窗隐蔽式收音天线

大空间行李箱 0.473m³

车后方碰撞变形吸能区

90°角打开厢盖

铰链和气压撑杆

一体式尾灯组

全衬式行李箱

行李箱盖镶饰

同色后保险杠　加厚地毯

不锈钢排气管　后雾灯

T125/70D15 小型备胎
维修工具箱

图 6-4　汽车尾部

（1）后备箱容积；

（2）后窗除霜功能；

（3）后保险杠的安全性；

（4）排气管；

（5）后灯组合；

（6）天线和装饰；

（7）倒车雷达；

（8）倒车影像；

（9）离去角；

（10）备胎存放位置。

（四）汽车后排座介绍

主要体现空间大小和舒适型。如图 6-5 所示。

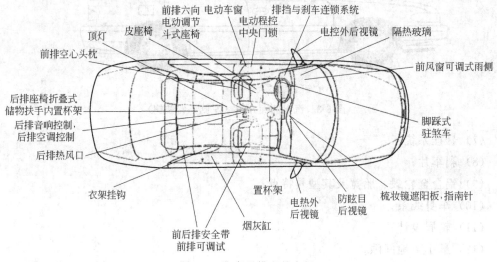

图 6-5　汽车后排座的介绍

（1）后排座座椅设计；

（2）头、肩、腿部的空间；

（3）后排音响；

（4）三点式安全带；

（5）中置手枕控制功能系统；

（6）后排安全气帘；

（7）手动或自动遮阳帘；

（8）可分拆式座椅；

（9）儿童安全锁和防夹窗；

（10）儿童安全座椅；

（11）后车门礼仪灯；

（12）后排第三人头枕。

（五）驾驶座的介绍

主要体现驾驶者的舒适性和操控的便利性。也是六方位绕车介绍中最重要的一个环节。如图 6-6 所示。

（1）电动车窗及总控按钮；

（2）方向盘组合控制按钮；

（3）仪表板的布置；

（4）脚踏板和手柄；

（5）座椅的面料；

（6）内饰的材料和颜色；

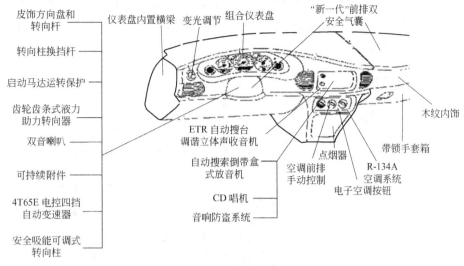

图 6-6 驾驶座的介绍

（7）安全带、安全气囊；

（8）内部尺寸的大小；

（9）天窗有无；

（10）顶灯布置；

（11）前排双安全气囊；

（12）座椅调整程度及前置手枕设计；

（13）扶手、门边控制按钮；

（14）车窗按钮；

（15）防夹窗；

（16）转向柱设计特点；

（17）中控台布局；

（18）娱乐影音系统；

（19）空调系统；

（20）各种储物格的作用及位置。

（六）发动机室的介绍

主要体现发动机设计的特点和它的动力性。

（1）发动机室布局；

（2）发动机主要特点；

（3）与其配套变速箱；

（4）发动机相关参数；

（5）变速器相关参数；

（6）发动机盖隔热噪声材料；

（7）前悬挂系统。

二、六方位绕车介绍的话术

六方位绕车介绍的话术，主要是采用 FAB 法。FAB 是三个英文单词的缩写：F

(Feature)，就是属性（这里叫"配置"）的意思；A（Advantage），这里翻译成作用；B（Benefits），意思是利益。在阐述观点和介绍产品的时候，若按这样的顺序来说，对方就容易听懂、更容易接受。如图 6-7 所示。

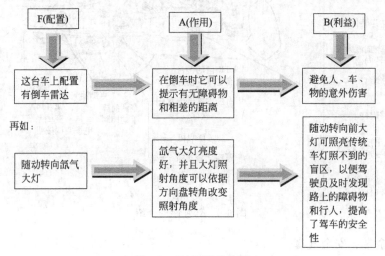

图 6-7　FAB 话术举例

再比方说这台车带有 ABS，把这个 ABS 也用 FAB 方法作一介绍。ABS 是防抱死装置，有了它，就可以有效地控制车辆行驶的方向。在一些汽车样本资料里可以看到这样的图片：有两辆车走两条路，前面都有一个障碍物，一辆车绕个弯儿就过去了，而另一辆车直接撞上了障碍物。这张图片的意思就是一辆车有 ABS，行车方向控制自如；另一辆车没有，所以不能很好地控制车辆行驶的方向，直接撞上了障碍物。那么，ABS 是怎么工作的呢？当发现前面有障碍物踩刹车时，如果没有 ABS，一下子就把轮子抱死了，车子完全靠着惯性向前冲，方向没法控制，而有了 ABS 以后，刹车抱住车轴 1s 有 16～17 次动作，不停地抱紧松开，这样车轮可以控制车辆前进的方向。

给客户带来的利益，一是不会给对方造成损失，二是自己的车也不会受损。用 FAB 法如此介绍一番，客户的印象自然会十分深刻。

【本节小结】

六方位绕车介绍是汽车销售人员的重要法宝，要熟练的掌握它，为后续课程的学习打好基础。

第二节　FAB 法的六方位绕车介绍举例

【学习目标】

◇ 实践为指定车型进行六方位绕车介绍。

【学习重点】

◇ FAB 话术的应用。

【学习难点】

◇ 实践用 FAB 法进行六方位绕车介绍。

【课程导入】

观看国内×品牌汽车的六方位绕车介绍的录像。

一、左前 45°角 FAB 法介绍话术

序号	Feature(配备)	Advantage(作用)	Benefit(对客户的好处)
1	新的均衡比例	融合欧日风格,长轴距、短前后悬,流线型车顶弧线、高腰线设计	将欧洲和东方文化融为一体,使流畅的外形与绰绰有余的空间达到高度的合一;欧洲风格的车侧线条,简单又不失豪华感,整车线条流畅均衡,超凡脱俗,独具现代艺术品位
2	镀铬大型水箱隔栅	××豪华车系特有的双拱形大型水箱面罩,采用××最新的四辐横式隔栅,造型利落大方,更与发动机盖一气呵成,并由两侧各拉出一道发动机舱盖折线,突显肌理力度,尽显端庄之气	设计时尚而现代,达到动感与稳重的和谐,既可以体现出稳重大气,又可以表达气势磅礴,活力动感的气势,且不会让您留给别人过分张扬、缺乏内涵的感觉
3	"尊贵、典雅、气势"的发动机盖	引领世界车坛的全新设计,线条饱满有力,暗示出机盖下面蕴藏着的澎湃动力源泉	与整车风格融为一体,蕴藏了不凡的高贵气质与风貌,营造高级质感,充分展现高级尊贵座驾的品味
4	大型双色前保险杠	继承了××大型豪华车设计元素,一体式设计,将大灯、翼子板、前格栅、发动机盖和前雾灯等有机融为一体,活力饱满,个性鲜明	在保证优异的碰撞吸能效果前提下,设计更加美观时尚,凸现出您的稳重大气与高雅品位
5	电动调节车外后视镜(电加热可除雾)	流行的全电动调节功能,更有电加热除霜功能,操作方便实用,时尚的设计减少了贴近玻璃面的气流量,提高了行驶的肃静性	设计美观时尚,功能实用,操作方便,突出了车辆的豪华气息。减少雨雪天气行车过程中带来的不便
6	氙气大灯	近光灯采用 HID 氙气大灯,远光灯采用高亮度卤素灯泡,氙气大灯,更高的色温,与自然光接近,光亮度是卤素的 3 倍,夜间行驶时能获得良好的视觉效果	聚光能力增强,穿透力提高,亮度与照明效果大大提高,增加了雨雾天气行车的安全性;夜间行车也更加安全;并且这种设计非常超前,一段时间内绝对不会落伍,让您一直引领同级车的潮流,提升了车辆配备的档次
7	固定式 AFS(自动转向辅助照明)	全新改进的氙气前大灯,带 AFS 自动转向辅助照明功能,钻石型设计更加气势不凡,科技感与动感兼具	夜晚行车时,过弯或转向时,依据方向盘的转动,自动开启转向辅助照明系统,为车头转向方向进行灯光补强,减少转方位的黑暗死角,为夜间行车增添更多的安全保障
8	光照传感器	自动感应式,光线不足时自动开启大灯,周围光线由设置在仪表的左右端的光照明感应器来感应,是高档轿车的时尚配备	时尚,高档,无需人工操作,科技领先,新型实用,保证行车的安全性
9	大灯照明高度自动调节	可以依照驾驶条件自动调整光束高低	高档实用,在斜坡道路自动调整光束高度,可以避免大灯光线直接照在前面车后视镜或对面汽车挡风玻璃上影响其他司机视线,提升行车的安全性
10	车速感应式雨刮器/内藏式喷水槽	雨刮器间断动作也会根据车速的变化而变化,车速越快雨刷刮的速度也就越快,内藏式喷水槽设计还可以节省空间、降低风噪、方便清洗	充分保证驾驶者的清晰视线,提高经济性和舒适性,内藏式的喷水槽还保持了整车圆润的流线造型设计
11	前风挡玻璃	防紫外线设计,采用(UV CUT)绿色玻璃	能有效防止强光缓解驾驶者的眼睛疲劳,且可防止烈晒对皮肤健康的影响

二、副驾驶座（乘客侧）FAB 法介绍话术

序号	Feature（配备）	Advantage（作用）	Benefit（对客户的好处）
1	内饰	最新搭配的全新米雾雅致内装色调,大面积一片式红枫木纹饰板,在车门内侧采用大面积的软皮内饰,在扶手内侧新增的 LED 氛围灯,令整体内饰彰显雅致格调	高档、豪华、时尚,凸现整车的感观品质(PQ),更显家居风格,体现了高雅的品位
2	ottoman 机构	是同级车中绝无仅有的豪华设备,世界领先采用	可依个人体型,自如调整最舒适的放松角度,有贵妃椅的感觉,给您头等舱式的款待
3	前排双安全气囊/前排侧安全气囊/窗帘式安全气囊	前排双安全气囊系统位于方向盘中央与副座前的杂物箱上;主要保护前胸和正面;前排侧安全气囊系统位于前椅靠背外侧,主要保护肩和侧边;窗帘安全气囊系统位于车顶两侧横梁部,主要保护头顶	××的全方位安全气囊的保护周到缜密,不仅前排乘客得到了全方位的保护,就是连后排乘客也同样可以保护得到,这种全方位安全气囊的配备一般也只有在高级轿车上才有,体现了对车内成员无微不至的关怀
4	前/后席预张紧安全带	安全预张紧器安装在座椅安全带收缩器内,预张紧安全带辅助安全气囊一起动作,能够在车辆受到某种撞击时帮助收紧安全带,保护乘客的安全	多一层保护多一份安全,预张紧的安全带比普通的安全带更多一层保护,提升了车辆发生撞击时的安全性
5	前席主动安全头枕	当车发生碰撞时,主动式头枕保护装置向前移动,有助于减少乘客颈椎及头部的冲击力,当碰撞发生后,头部保护装置回复到原先的位置上	在撞击发生时充分保护前排乘客的安全,防止乘客颈部受到伤害
6	车内照明灯	车内灯在驾驶车门被打开或关闭时,仍会持续约 30s,从而保证夜晚从车辆熄火到下车的这段时间内的照明	在夜间或光线昏暗的车库停车时,关闭发动机后,还可以照明一段时间,方便乘客从车内提取行李物品,关闭车门等操作,这种设计很人性化
7	防眩目车内后视镜	可手动调整反光亮度,防止眩目	操作简单,可靠性高,提高行使安全性
8	顶置阻尼高级眼镜盒	阻尼式的设计,精工细琢的布局,体现在每一个细微之处	时尚、豪华的设计带给车主无比的自信与满足感,使驾乘成为一种愉快的享受
9	带化妆镜及照明灯遮阳板	化妆镜和照明灯两种功能协调配合,方便实用	方便前排人员尤其是女士在车内适时补妆,即使夜间使用也非常方便
10	车门内置物箱礼貌灯	高级感与人性化的相互呼应,值得细心品味的人性化组合	细节处的贴心设计更能体现出精湛工艺,也体现出车辆的豪华档次
11	人性化设计前储物箱	具有多种储物空间,合理利用车内空间,各种大小物品都可以找到合适的置放空间	置放各种物品方便,不占用乘客乘坐空间,时尚美观,人性化的设计
12	安全且加装防撞钢梁的车门	车门板的内侧加装了防撞钢梁,提升了侧面撞击的安全性	安全始终是我们最关心的问题,不仅在看得到的地方安置很多安全装备,在看不到的地方也一如既往地在提升车辆的安全性,特别是针对危险而又常见的侧面撞击

三、后排座 FAB 法介绍话术

序号	Feature（配备）	Advantage（作用）	Benefit（对客户的好处）
1	后座大型集中控制中央扶手	后座中央扶手抬起可以多乘坐一名乘客,放下扶手可以操控音响系统、后排座椅的按摩功能和加热功能	坐在后排也可以方便地操控各种功能,为您提供舒适的享受,凸现尊贵的身份和地位
2	后座空调出风口	前排中央扶手的后部设有后座的空调出风口,使后排乘客可以较快享受到适宜的温度	根据您尊贵的身份为您量身定做,犹如在自己家里一样

续表

序号	Feature(配备)	Advantage(作用)	Benefit(对客户的好处)
3	沙发式真皮座椅	豪华的真皮座椅经过特殊的工艺缝制而成,质地细腻,采用人体工学设计,更具有按摩和加热功能,新型实用	照顾到后排的乘员乘坐需求,有效促进血液循环及提供冬天的保暖性,最大程度减少了长时间乘车的疲劳感
4	电动后风挡遮阳帘	通过开关,可以电动控制遮阳帘的升起和下降,避免阳光直接照进车内	提升车辆配备的档次,提升后座的乘坐舒适性,同时加强了车内空间的私密性
5	后座头枕高度可调节	后座椅头枕高度可以上下调节	方便坐在后座的您找到合适的头枕位置,提升乘坐的舒适性,犹如高级沙发一般
6	后座第三人独立头枕	后排座椅中间位置设置了独立的第三人头枕,使中间乘客乘坐更舒适	可以有效增加后排中间位置乘客的舒适感,还可以有效保护乘客的头部及颈椎,使每位乘客都能感受到××的细致用心
7	航空式置物袋	独特的置物袋设计极具现代感,在细微处都将整车的时尚与豪华感充分展现	时尚的设计体现出与众不同的档次,人性化的设计体现了对客户无微不至的关怀
8	平坦地板/车舱地面厚地毯	车内地板平坦,配上厚厚的地毯,舒适豪华	平坦舒适的车内地板温馨时尚,又不缺乏档次,注意体现座驾的尊贵
9	后置立体声扬声器	后排的音乐效果更佳,整车的高保真音场效果协调一致	能照顾到后排的所有乘员的听觉效果,就像置身于音乐厅一样的享受

四、汽车后部 FAB 法介绍话术

序号	Feature(配备)	Advantage(作用)	Benefit(对客户的好处)
1	车身尾部设计	延续前端造型的大气、时尚。整体设计的宽大保险杠,视觉上重心更低	饱满有力,时尚豪华。后部整体更稳、更扎实
2	高科技大型后组合尾灯	全新的 LED 整体式尾灯组,采用 10 个 LED 作为刹车灯,清晰高亮准确提示后方车辆,后雾灯镶嵌在尾灯的小方格上	组合尾灯通透明亮,给人一种高品质的印象
3	后置彩色倒车摄像头	挂挡倒挡,倒车影像系统启动,可以直接看到车后的影像,倒车更方便安全	影像比一般的警报音更加直观,大大提升倒车的安全性,这也是高级轿车才有的配备
4	行李箱感应开启	不仅行李箱盖上有按键,智能钥匙上也有相应的按键,可感应开启后行李箱盖	为您提供方便,尤其在您手持其他物品的时候
5	双液压行李箱支架	最大限度的利用了行李箱的内部空间,支撑机构采用四连杆式,箱盖打开的角度大于 90°,不会撞到头及影响行李置放,是顶级车的标准配备	这种设计豪华高档,开启也更方便,单手操作可以轻松开启,打开角度大,方便置放大尺寸的行李
6	行李箱应急开启系统	如被困于行李箱内,可自己开锁	周全的顾虑为您启动危机应变系统
7	大容积行李箱	超大容积后行李箱,达到 506L	不论是您外出郊游还是长途旅行,各种随身行李可随心置放。如婴儿车、儿童车、高尔夫球具等等
8	行李箱通道	后座中央扶手后部可以和行李箱相通	设计方便后行李箱置放较长的行李物品,也方便后排乘客在车辆行驶过程中提取后行李箱的物品
9	双消声器	国内同级车中首先采用双消声器的设计。天籁独特的平衡式双消声器设计源于跑车的设计理念,豪华而且动感十足	这是动力强劲的一种表现,明显降低噪声,进一步提高了行使的肃静性,体验高档车的宁静感觉

序号	Feature(配备)	Advantage(作用)	Benefit(对客户的好处)
10	后风挡自动除霜	后风挡玻璃上安置了除霜电热丝,打开开关可以自动给后风挡玻璃除霜	提升雨雾天气行车的安全性
11	全尺寸备胎	备胎的尺寸型号与标准胎完全一致	在某个车胎出现问题需要更换时,只需直接把备胎换上就可以正常使用,比小备胎方便实用多了

五、驾驶座 FAB 法介绍话术

序号	Feature(配备)	Advantage(作用)	Benefit(对客户的好处)
1	感应式智能钥匙	可感应开关车门、行李箱盖(在距离爱车80cm内)和启动发动机。大大简化钥匙开关门的繁琐,尤其是下雨天或是腾不出手的时候。坐进车内后,也无需插入钥匙来启动爱车,只要轻旋点火旋钮就可启动爱车	高科技提高整车的品位。品牌的人性化设计无处不在
2	仪表盘和方向盘	全新改进的高亮度白色冷光仪表盘,不但可显示更清楚的白色数字和刻度,速度表橘黄色的圆环和额外的外围环带给人锐利的感觉。采用真皮包裹,并配以木纹装饰的方向盘,增加了豪华质感	突显出高雅豪华的气质,与您尊贵的身份和雅致的品位相得益彰
3	前后席座椅均有按摩加热的功能	超大的舒适性座椅,刚坐下去的瞬间感觉非常柔软,接着臀部会有被固定的感觉;配以按摩和加热功能,使得乘坐天籁成为一种时尚休闲的享受	舒适性和包覆性好,即使长时间乘坐也不易疲劳;在高速行驶或过弯时对身体的承托恰到好处,可将背、腰、臀的部分受力进行有效分散;按摩和加热功能,使得冬天乘坐变得温暖如春,长途旅行可以去除疲劳。这些功能也提升了车辆配备的档次
4	前席驾驶座	驾驶座可以 8 个方向调节,并且都是电动调节。还可记忆 2 个位置,在最短的时间回复记忆的位置,体现人性化设计的最佳典范	方便驾驶员找到最舒服的驾驶坐姿,提升驾驶的舒适性
5	新型人机界面系统(HMI)大型中控台	HMI 大型中控台时尚大气,各种功能齐全,操作方便	让您在弹指之间享受全功能的触控便捷乐趣及多功能的按钮操控,完全依据人体工学与人性化界面设计,让您轻松掌握音响、空调、路径等行车信息
6	6CD 音响/6 喇叭	音响系统采用高级的 6CD6 喇叭设计,音场效果更佳	豪华的音响系统使人犹如置身于音乐厅的感觉
7	冲击感应式车门自动开锁、上锁装置	当车速达到 25km/h 时,除驾驶侧的车门,其他车门将自动上锁。感应到有碰撞时,所有车门将自动解锁	自动上锁防止乘客行车途中误操作打开车门,提升行车安全性;自动开锁方便发生碰撞后车内人员的逃生,也便于车外人员实施营救,尊重全车乘客的生命安全,充满先进的全面防护理念
8	全自动左右独立控制温度调节系统＋花粉过滤器	空调左右温度可以分别调节,对花粉等微小颗粒具有过滤作用	全自动左右独立控制温度调节系统,可以让您在轻松自如的乘车过程中根据个人的需要调节车内环境的温度;并且装有空调花粉过滤器,持续带给您清新的空气,对过敏人士绝对实用,让您充分体验到人性化设计的理念
9	高智能型情报集成触摸式显示器	显示器采用触摸屏的操作方式,各种功能直观显示,操作方便	各种功能的操作更加便利,也更加明确,这种配备也是流行发展的方向,体现了配备的豪华

续表

序号	Feature(配备)	Advantage(作用)	Benefit(对客户的好处)
10	彩色倒车影像显示屏	每当挂入倒车挡,倒车影像自动显示车后的状况,方便驾驶员倒车	让您在倒车时透过彩色显示屏与后视镜完全掌握车后方的状况,使您无后"顾"之忧
11	旅程电脑	行驶时间、行驶里程、平均速度、平均油耗等均可以直观显示,方便驾驶员了解车辆即时状况	五大功能旅程显示,为驾驶者提供实时消息,轻松掌握
12	NAVI 卫星导航系统影像显示	7 英寸液晶显示屏的 NAVI 卫星导航系统,采用最新软件经过汉化,完全符合中国人使用习惯。收录了 195 个重点城市及省级以上全国公路网的电子地图库	方便驾驶员找到前往目的地的最佳路线,即使身处不同的陌生城市也一样可以运用自如。走遍天涯海角都不怕
13	ASCD 定速巡航系统	方向盘控制 ASCD 定速巡航系统是一种减轻驾车者疲劳的装置,设置后,可维持在 40km/h 以上的任一速度行驶	可以省却驾驶员的脚总搭在油门踏板上的麻烦和劳累,脚脖子轻松了。还具有节省燃料和减少排放的好处
14	电动车窗/天窗	四个车窗和天窗都是电动的,操作方便。天窗与驾驶车窗拥有自动防夹功能,上升过程中若侦测到障碍物,自动防夹功能能使车窗立即下降	不仅操作更加方便,而且夹手功能可以防止夹伤手或者损坏车窗电机,增加了车辆的安全性
15	脚踏式驻车制动器	一改传统手制动的方式,只需用脚轻踩制动器就可以实现驻车制动	操作更省力,同时由于制动器操作位置的变化,释放出前排中央扶手更多的空间,使乘坐更舒适

六、发动机室 FAB 法的介绍话术

序号	Feature(配备)	Advantage(作用)	Benefit(对客户的好处)
1	VQ 发动机(V 型 6 缸)	VQ 引擎为大缸径,短冲程设计,连续十三年荣获 Ward' Auto World 世界十大最佳引擎,全球绝无仅有。多项发动机先进技术的运用,令 VQ 系列发动机性能出色。CVTC 智能调节发动机的进气,令燃气混合达到最佳比例。无声正时链使发动机更安静	扭力大,在发动机的常用区间具有高性能的动力输出,反应灵敏;油耗低,发动机噪声小,非常环保,寿命耐久
2	CVT(无级变速器)	没有换挡间隙;没有 AT 爬坡时的频繁换挡过程;可以在较低的速度上锁,改善燃油经济性;比 5AT 更宽的速比范围;低噪声;驾驶者可根据喜好选择手动模式(6 个挡位)	国内唯一的匹配大排量(3.0L 以上)发动机的 CVT。在体验澎湃动力的同时,给您带来没有换挡冲击的极佳的驾驶平顺性
3	电控液压支撑	可以根据车辆情况智能调整液压支撑系统,低速时可以减少把发动机振动传递到车身,高速转化为刚性连接,将发动机和车身连为一体	使驾乘更感舒适、更宁静和平稳
4	可变进气气歧管	根据车辆行驶要求,通过动力阀改变进气长度,提供充足的动力	提高车辆行驶的动力性,更好地享受驾驶乐趣
5	VDC 车辆动态控制系统	车辆通常在转弯时容易出现跑偏或侧滑,此时 VDC 自动介入工作,从而令车辆恢复正常的过弯轨迹	VDC 是一个确保操控稳定性和安全性的装备,可以非常有效地提高过弯时的主动安全性
6	TCS 牵引力控制系统	直线行驶时,当传感器感应到某一驱动轮即将打滑,TCS 自动对该车轮进行制动,同时降低发动机输出动力,保证平稳起步和加速	提高行驶安全性
7	加工技术先进,检验严格	采用超细研磨加工工艺,曲轴经显微镜 500 倍放大检验	发动机更宁静、省油,寿命更长
8	发动机机舱和前悬挂	前梯状小支架增强了前悬的刚性,低弹性连接轴承低路面噪声	使驾乘更感舒适、更宁静和安全
9	多连杆式后悬挂	采用了先进的设计理念,加强了悬挂系统的刚性和几何结构设计,具有更好的减震和控制轮胎角度的性能	高科技的体现,提升了乘坐舒适性和驾驶的稳定性

【本节小结】

　　①绕车话术（FAB 剧本）是介绍产品最基本的工具，熟练掌握了才能灵活应用。②从始至终，面带微笑，要笑着而不是严肃地介绍。③六方位介绍从客户最想知道的方位开始，所以销售顾问要用概述的技巧询问顾客，找出客户的购买动机，做有针对性的介绍。④用手势引导客户到相关的方位，注意走位，别与客户撞在一起。⑤介绍时，眼睛应面向客户，而不是看着车介绍，应注意绕车介绍时客户才是主角。⑥别忘了多让客户亲手操作，多让客户的手去接触车子。⑦不断询求客户认同，注意客户聆听时的兴趣，若发觉客户不感兴趣，要试探性提问，找出客户的需求，再继续依客户的兴趣提供介绍。⑧介绍当中要注意客户眼神中散发出来的购买信号，记住眼睛是灵魂之窗。⑨越高档次的车型，车辆本身就越能散发自身的魅力，而廉价低档次的车型，由于车子本身亮点不多，销售顾问要更加能说善道。⑩六方位介绍旨在让客户了解产品，认同产品，若介绍当中发现客户已经认同产品时，即可停止六方位介绍，设法引导顾客进入试乘试驾或条件商谈的阶段。

思考与练习

1. 熟练记忆东风日产天籁六方位绕车介绍的内容。

2. 利用假期时间，了解汽车 4S 店汽车销售人员的实际工作状况，为日后的学习打好良好基础。

参 考 文 献

[1] 李弘，董大海. 市场营销学. 大连：大连理工大学出版社，2001.

[2] 陈守则，王竞梅，戴秀英. 市场营销学. 北京：机械工业出版社，2005.

[3] 郭国庆. 市场营销学通论. 北京：中国人民大学出版社，2005.

[4] 韩庆祥. 突破：实用营销. 北京：北京科学技术出版社，2005.

[5] 余凯成. 管理案例学. 成都：四川人民出版社，1987.

[6] 张丽华. 管理案例教学法. 大连：大连理工大学出版社，2000.

[7] 梅子惠. 现代企业管理案例分析教程. 武汉：武汉理工大学出版社，2006.

[8] 潘瑾，徐晶. 保险服务营销. 上海：上海财经大学出版社，2005.

[9] 闵星. 汽车营销模式浅析. 伊利教育学院学报，2006（9）.

[10] 陈文华，叶志斌. 汽车营销案例教程. 北京：人民交通出版社，2004.

[11] 马勇，刘名俭. 旅游市场营销管理. 大连：东北财经大学出版社，2008.

[12] 黄华明. 保险市场营销导论. 北京：对外经济贸易大学出版社，2004.

[13] 刘葆. 旅游市场营销学. 合肥：安徽大学出版社，2009.

[14] 苗月薪. 市场营销学. 北京：清华大学出版社，2008.

[15] 方光罗. 市场营销学. 大连：东北财经大学出版社，2004.

[16] 王慧彦. 市场营销案例新编. 北京：清华大学出版社、北京交通大学出版社，2004.

[17] 叶剑平. 房地产市场营销. 北京：中国人民大学出版社，2000.

[18] 刘子操，郭颂评. 保险营销学. 北京：中国金融出版社，2003.

[19] 胡德华. 市场营销理论与实务. 北京：电子工业出版社，2009.

[20] [美]卡尔·迈克丹尼斯等. 市场营销学学习手册. 时启亮等译. 上海：格致出版社、上海人民出版社，2009.

[21] 周鹏. 综合营销实务. 北京：电子工业出版社，2006.

[22] 何丽芳，李飞，罗小川. 酒店营销实务. 广州：广东出版集团、广东经济出版社，2005.